APPRENEZ À MIEUX RÊVER ET À TIRER PARTI DE VOS RÊVES

APPRENEZ À MIEUX RÊVER ET À TIRER PARTI DE VOS RÊVES

David Fontana

FRANCE LOISIRS
123, boulevard de Grenelle, Paris

Titre original de cet ouvrage
Teach yourself to dream

pour les autres illustrations voir page 159

Traduction : Pierre Saint-Jean
Adaptation typographique : Marthe Lauffray

Édition du Club France Loisirs, Paris, avec l'autorisation des Éditions du Chêne

ISBN : 2-7441-1110-4
N° Éditeur : 28955
Dépôt légal : novembre 1997

Imprimé en Italie par
Nuovo Istituto Italiano d'Arti Grafiche
Bergamo

« Si nous prêtons attention à nos rêves
nous ne serons plus assujettis à un quotidien réducteur,
nous retrouverons nos potentiels originels. »

Sommaire

Introduction au monde des rêves

« Un rêve est un théâtre où le rêveur lui-même est la scène, l'acteur, le souffleur, l'auteur, le public et le critique. »
Carl Jung

Pourquoi apprendre à rêver ? Pourquoi attacher une quelconque importance à l'écheveau apparemment aléatoire des souvenirs, fantasmes et absurdités qui composent la trame de nos rêves ? La réponse est la suivante : bien que nous rêvions toutes les nuits, nous échouons le plus souvent à saisir la portée unique de nos expériences nocturnes. Les rêves offrent l'occasion de s'introduire dans le dialogue qui s'engage entre l'inconscient et le conscient, de mieux nous comprendre nous-mêmes et de tenter de nous rapprocher d'une plus grande harmonie intérieure.

Dans les pages qui suivent, vous trouverez toute une série de techniques éprouvées qui permettent d'atteindre ces objectifs. Nous pouvons apprendre à mettre à jour les significations de nos rêves, et comment leur donner sens dans notre quotidien. Nous pouvons demander à notre inconscient de nous aider à résoudre des problèmes pratiques et de nous indiquer la voie à suivre lorsque nous pensons nous trouver dans une impasse. Nous pouvons même apprendre à rêver éveillé et à être maître de nos rêves. Ce livre a l'ambition de faciliter votre compréhension de la fonction des rêves, et de développer vos aptitudes à les mémoriser et à les interpréter. Il démontre qu'ils font partie intégrante de la vie psychique et comment les utiliser pour accéder à l'indispensable connaissance de soi. Enfin, comme les rêves sont essentiellement une activité visuelle, les illustrations ont été élaborées de façon à enrichir et à colorer vos expériences oniriques.

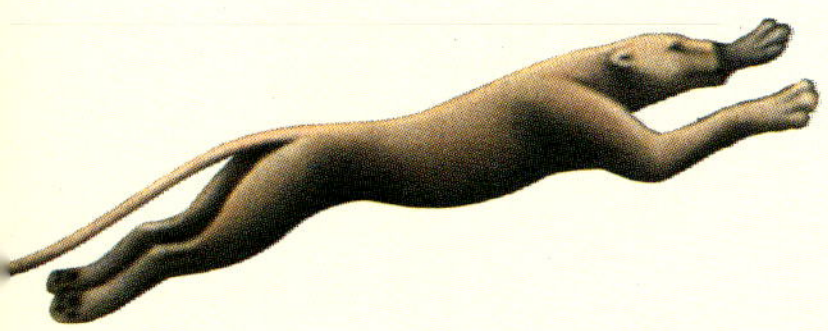

Pénétrez l'univers des rêves

« Nos rêves sont souffle, larmes et torture,
et une once de joie. »
Lord Byron

Depuis l'aube des temps, l'homme est fasciné par les rêves et, à de nombreux égards, nos ancêtres étaient plus habiles à les utiliser et à les interpréter que nous ne le sommes aujourd'hui.

L'étude scientifique des rêves a moins de cinquante ans. Elle a débuté avec les travaux de Nathaniel Kleitman et Eugène Aserinsky. Ces chercheurs américains ont découvert que les sujets réveillés lors d'un tracé spécifique de leur cerveau affirmaient qu'ils étaient en train de rêver. William Dement, psychologue de l'Université de Chicago, fut, lui aussi, l'un des pionniers de cette nouvelle science. Il établit des liens entre le contenu des rêves et l'état psychique du rêveur, et démontra de façon convaincante que la plupart des gens ne gardent qu'un souvenir déformé de leurs rêves. Si nous sommes réveillés immédiatement à la fin d'un rêve, nous pouvons rapporter quatre-vingts pour cent de son contenu. Huit minutes plus tard, les deux tiers de l'épisode nous ont déjà échappé et ensuite, très rapidement, seules subsistent quelques bribes.

De nos jours, les chercheurs portent leurs efforts sur la vaste gamme des facteurs associés aux rêves : l'influence des expériences vécues pendant les heures ou les minutes qui précèdent le sommeil, la force créatrice des rêves, ou les moments pendant lesquels les nourrissons et les animaux semblent rêver. La nécessité de comprendre nos rêves recommence à être prise au sérieux.

Les enseignements tirés de l'histoire

Clef d'un songe

Pour provoquer des rêves se déroulant en d'autres temps, évoquez une époque et un lieu où vous auriez aimé vivre – la Grèce antique ou le Far West par exemple. Avant de vous endormir, formez le souhait d'y être transporté.

Les Égyptiens *demandaient au dieu Bès, protecteur des familles, représenté ci-dessous sur une céramique, de les aider à faire des rêves paisibles.*

Les rêves font partie intégrante de nos vies : c'est l'un des rares traits communs à l'ensemble des êtres humains et l'exemple précieux des satisfactions que peut nous réserver l'exploration des forces de l'esprit lorsque nous l'abordons sans préjugés ou scepticisme.

Autrefois, on croyait volontiers que les rêves avaient le pouvoir de résoudre les problèmes, de favoriser la fertilité, d'apporter le succès aux chasseurs, d'armer les guerriers de courage. Les rêves permettaient aussi de prédire l'avenir, de guérir les maladies ou de recevoir une révélation divine. Nos ancêtres faisaient vivre ces rêves bénéfiques. À cette fin ils dormaient dans des lieux sacrés ou isolés (temples ou déserts) et sacrifiaient à des rites précis. Ces disciplines physiques et spirituelles les préparaient mentalement et les rendaient particulièrement réceptifs à ces rêves porteurs de sens.

Outre celles qu'ils avaient dans de nombreux domaines, les Grecs avaient des connaissances particulièrement approfondies de la portée des rêves. Socrate (470-399 av. J.-C.) devançait Freud de plus de deux mille ans lorsqu'il expliquait que les rêves étaient le théâtre du combat de nos désirs bestiaux, à moins qu'une « âme bien faite » ne soit en mesure de vaincre ses instincts primaires par la raison, auquel cas les rêves permettaient « d'être plus proche que jamais de la vérité ». Aristote (384-322 av. J.-C.) estimait que les signes livrés dans les rêves étaient comme des objets se reflétant dans l'eau : lorsque l'eau est calme, les formes sont faciles à distinguer ; lorsque l'eau est agitée (quand nous subissons un choc émotionnel), les reflets sont déformés et incompréhensibles. Aristote déclarait que plus l'esprit était calme avant le sommeil, plus le rêveur était susceptible d'apprendre.

La pratique qui consistait à dormir dans des lieux sacrés pour induire des types de rêves particuliers était courante en Grèce et dans toute l'Europe païenne. Curieusement les premiers chrétiens suivaient la même pratique : ils dormaient eux aussi dans des lieux saints où des rêves porteurs de paix ou de guérison leur seraient accordés. En Extrême-Orient, certains temples étaient également destinés aux rêveurs. En Chine, au XIVe siècle, un dieu veillait sur chacune des cités. Lorsqu'ils visitaient une ville, les responsables politiques devaient passer leur première nuit au temple et attendre les instructions données par le dieu. Les juges dormaient également au temple pour y être conseillés. Ils s'y purifiaient en jeûnant et en faisant des ablutions, puis brûlaient des déclarations écrites devant l'autel pour informer le dieu des différends juridiques. L'idée selon laquelle les rêves sont susceptibles de nous révéler des chaînons manquants, de nous aider à résoudre des problèmes et à prendre des décisions ne s'est pas limitée aux civilisations anciennes. René Descartes (1596-1650), philosophe français considéré comme l'un des fondateurs de la science moderne, estimait qu'il fallait entraîner l'esprit à cultiver des rêves chargés de sens. Il déclarait que plusieurs de ses principales théories s'étaient manifestées alors qu'il rêvait. Sa philosophie témoigne de sa volonté d'établir une distinction précise entre rêve et éveil, et il conclut : « Même lorsque je dors, tout ce qui semble évident à mon esprit est absolument vrai. »

***Les Grecs** étaient de fervents adeptes du pouvoir des rêves à changer la vie. Hypnos, dieu du sommeil représenté ci-dessus, était une figure importante de l'univers des songes.*

Accéder à la signification des rêves, décrypter la vérité qui émerge des limbes de notre inconscient, constituent l'un des principaux objectifs de ce livre. Nombre des meilleures techniques utilisées pour orienter nos rêves doivent autant aux sages du passé qu'aux découvertes de la science moderne. En apprenant à rêver nous en approfondirons quelques-unes.

Les rêves dans les autres cultures

En Occident, nous avons tendance à croire que la « réalité » se définit exclusivement à travers des faits empiriques. D'autres cultures ont cependant une approche beaucoup plus souple. Tout en demeurant parfaitement conscientes de la différence entre le rêve et la vie, elles considèrent que les deux expériences ont la même valeur et la même réalité, et elles estiment que les songes ont le pouvoir de modifier le cours de l'existence.

Au nord du Pérou, par exemple, rêver une rencontre avec l'âme d'un ancien guerrier est essentiel au succès de tout chasseur ou guerrier. Pour provoquer cette rencontre, le jeune homme ingère des plantes hallucinogènes et s'inflige des semaines de solitude, d'épreuves et d'abstinence. En revanche, dans les montagnes du sud de la Nouvelle-Guinée, des communautés entières se réunissent pour induire les rêves. Si un soupçon de sorcellerie plane sur le décès d'une personne, les villageois se rassemblent et tentent, par l'intermédiaire des songes, d'identifier celui qui a jeté le sort. Ils dorment ensemble, attachés les uns aux autres par les poignets et avec des cordes serrées autour de la poitrine. Un « maître des rêves » exerce une surveillance en tenant dans sa main l'une des extrémités de la corde. Lorsqu'il estime que quelqu'un est en train de faire un cauchemar, il réveille tout le monde en tirant sur la corde d'un coup sec. Tous les villageois racontent alors leur songe interrompu, ce qui permet parfois d'identifier le jeteur du mauvais sort.

Dans de nombreuses cultures, les rêves sont les moyens de canaliser les forces du monde de l'esprit, afin de résoudre les conflits intérieurs et donner espoir, confiance et vitalité. Ceux qui ne rêvent pas régulièrement sont considérés comme dépossédés de

***La transmission des rêves,** chez les aborigènes d'Australie, est un élément essentiel de leur mythologie. Cette peinture contemporaine, intitulée* Rêve de l'opossum et de l'eau, *narre une légende ancienne sous une forme qui évoque un mandala tibétain.*

la puissance du sacré. Les Menomini, amérindiens de la région des Grands Lacs, sont attentifs aux avertissements et prophéties que recèlent les rêves, et prennent des précautions, comme porter des talismans ou jeter un sort, pour essayer de se maintenir à l'écart du désastre annoncé. Les Iroquois sacrifient à un rite élaboré qui consiste à deviner les rêves. Le rêveur présente le songe sous forme d'énigme qui doit être résolue, faute de quoi le vœu formé dans le rêve ne peut être exaucé. Ces croyances anciennes dans la puissance des rêves témoignent des avantages réels que les rêveurs peuvent en tirer. Dans le monde moderne, nous, qui avons souvent tendance à rationaliser et à considérer que les rêves sont de simples manifestations physiologiques ou des aberrations psychologiques, aurions beaucoup à apprendre de ces traditions. Il ne faut cependant pas en conclure que nous devons rejeter les découvertes scientifiques : si nous souhaitons pénétrer les arcanes de nos rêves, nous devons combiner les anciennes croyances et les découvertes récentes.

***Une Cheyenne** des plaines de l'Amérique du Nord a représenté dans le dessin l'un de ses rêves. Elle y accueille les esprits qui l'ont visitée pendant la nuit.*

Les cycles du sommeil

Lorsque nous dormons, l'activité électrique du cerveau montre une série de modifications. Brusquement réveillés au cours de certains types d'activité cérébrale, les dormeurs déclarent presque toujours qu'ils rêvaient, même si, auparavant, ils prétendaient ne jamais rêver.

***Une nuit de sommeil** est généralement ponctuée par au moins quatre périodes de rêves « actifs » dont nous donnons ici les étapes.*

La plupart des rêves dont nous nous rappelons surviennent pendant le sommeil rapide paradoxal (SRP), cycle marqué par le mouvement des yeux derrière les paupières closes et accompagné par l'apparition de rythmes caractéristiques dans l'activité électrique du cerveau. Le premier épisode de SRP a lieu environ une heure et quart après l'endormissement et dure à peu près cinq minutes. Trois ou quatre autres périodes de SRP ponctuent la nuit toutes les quatre-vingt-dix minutes, et chacune dure plus longtemps que la précédente. La dernière période, qui se termine habituellement pendant la dernière heure de sommeil, dure généralement entre vingt-cinq et quarante-cinq minutes.

Le SRP est très important pour notre santé mentale. Si nous en sommes privés, nous souffrons, dans la journée, de troubles de la mémoire et de la concentration, de fatigue et d'irritation. Nous cherchons à combler ce déficit en tentant, au cours des nuits suivantes, de passer davantage de temps en état de SRP. Une privation totale de sommeil peut même donner lieu à une activité mentale caractéristique du SRP (accompagnée de visualisations et d'émotions relevant de l'univers des songes) alors même que nous sommes éveillés. Il n'est probablement pas totalement absurde de dire que rêver est l'une des raisons pour lesquelles nous dormons.

L'étude montre que l'intensité des rêves liés au SRP est d'environ deux heures par nuit. Cependant, les rêves ne se limitent pas à ce type de sommeil. Sept fois sur dix les dormeurs dont le sommeil est léger, réveillés au cours du sommeil lent, racontent des rêves qui ne diffèrent que légèrement de ceux des rêves du sommeil paradoxal. Les dormeurs au sommeil plus lourd rêvent moins en sommeil lent, et les rêves qu'ils font alors sont moins riches en images et moins «réels» que ceux du SRP. À de nombreux égards, ils s'apparentent davantage à des pensées. Pour beaucoup d'entre nous, les périodes pendant lesquelles notre intellect n'est pas actif sont extrêmement rares, si ce n'est inexistantes. Ne pas tenir compte de nos rêves serait donc méconnaître une part importante de notre vie psychique.

***Les mouvements oculaires** très rapides, caractéristiques du sommeil paradoxal, semblent indiquer que le dormeur tente de suivre les événements de ses rêves.*

Rêver englobe le corps et l'esprit. Même lorsque nos songes semblent paisibles, le système nerveux réagit par une accélération de la fréquence cardiaque, des mouvements respiratoires et des sécrétions gastriques. On observe également des signes d'excitation sexuelle, même lorsque le rêve n'a aucun contenu érotique. Par ailleurs, le tonus musculaire diminue, et notre corps est en quelque sorte paralysé, à l'exception des muscles qui contrôlent les mouvements oculaires. Nous sommes, en fait, totalement impliqués dans nos rêves.

Alors que la plupart des chercheurs conviennent que le *processus* du rêve est important, nombre d'entre eux considèrent que son *contenu* est dénué d'intérêt. Les songes, selon eux, ne seraient qu'une sorte de fatras sans signification qui traverserait le cerveau au moment où celui-ci «trie» la masse d'informations dont il a été bombardé pendant la journée et dont il rejetterait les souvenirs indésirables. Cependant, la cohérence de bien des éléments du rêve et l'existence de rêves récurrents – pendant des années parfois – sembleraient contredire cette théorie. L'apparition, dans les songes, de souvenirs anciens et les avantages thérapeutiques avérés de l'interprétation des rêves démontrent qu'ils sont en mesure de nous apporter une aide d'un grand intérêt.

Pourquoi dormons-nous ?

De nombreuses théories ont tenté de répondre à cette question. Certains chercheurs, en accord avec la théorie évolutionniste, assimilent le sommeil à une stratégie dont l'objectif serait de conserver notre énergie et de réduire notre consommation alimentaire. Dans la même lignée, un autre argument affirme qu'en dormant pendant la nuit, période pendant laquelle ils étaient plus vulnérables aux attaques des prédateurs, nos ancêtres augmentaient leurs chances de survie. Une théorie physiologique avance que le sommeil nous donne l'occasion de nous détendre, de nous ressourcer, et d'utiliser nos énergies pour sécréter certaines hormones : les enfants, par exemple, sécrètent, pendant la nuit, davantage d'hormone de croissance.

***Même durant le sommeil léger**, l'esprit relâche la pression qu'il exerce sur l'imagination et commence à lui laisser libre cours.*

Il semble évident que le sommeil, permet au cerveau de se reposer. La production de sérotonine et de norépinéphrine – substances qui facilitent la transmission des impulsions nerveuses au cerveau – diminue pendant le sommeil. Un groupe de volontaires privé de sommeil pendant une ou deux nuits consécutives présente des trous de mémoire, des difficultés de concentration et une irritabilité croissante. Si l'absence de sommeil perdure, il s'ensuit une perte de connaissance. Cependant, certains ont besoin de peu de sommeil et d'autres, très évolués sur un plan spirituel, passent la nuit dans un état plus proche de la méditation profonde. Il existe des cas médicaux – rares – de victimes de traumatismes, crâniens par exemple, qui semblent très peu dormir. Le sommeil est la scène sur laquelle nos rêves nocturnes sont interprétés. Pour apprendre à rêver, il est indispensable, dans un premier temps, de suivre quelques règles simples pour apprendre à dormir.

Conseils pour un meilleur sommeil

Nombre de personnes qui pensent ne pas rêver sont en fait insomniaques. La plupart des médicaments prescrits pour combattre l'insomnie suppriment le sommeil paradoxal et, par conséquent, les rêves. L'alcool a les mêmes effets. Les moyens naturels, – ici résumés en dix règles simples – sont la meilleure façon de s'attaquer à l'insomnie.

1 *Évacuez de votre esprit tous les soucis et les pensées de la journée. Évitez d'éprouver de la colère ou du ressentiment qui, plus encore que les soucis, peuvent vous empêcher de dormir.*

2 *Avant de vous coucher évitez de lire un livre passionnant ou de regarder un film angoissant. L'excitation est un obstacle au sommeil.*

3 *Répétez-vous fréquemment pendant la journée, et une dernière fois le soir, que vous détendrez votre corps et votre esprit, que vous vous endormirez rapidement et que vous dormirez d'un trait jusqu'au matin.*

4 *Faites de votre chambre un endroit plaisant, calme, confortable et éclairé d'une lumière douce.*

5 *Suivez le rythme naturel de votre corps en vous couchant et en vous levant de bonne heure.*

6 *Décontractez-vous. Détendez-vous progressivement en raidissant, puis en relâchant, chacun de vos muscles des pieds à la tête. Certains préféreront méditer pendant quinze minutes avant de se coucher.*

7 *Évitez la nicotine et la caféine, préjudiciables au sommeil, une heure au moins avant le coucher. En petite quantité, l'alcool, qui est un antidépresseur, peut vous aider à vous endormir, mais il vaut mieux n'y pas compter.*

8 *Essayez une boisson calmante à l'heure du coucher : un verre de lait chaud avec du miel ou une boisson lactée et maltée.*

9 *Répétez une formule apaisante – « Je m'enfonce petit à petit dans le sommeil », par exemple – avant de vous endormir ou si vous vous réveillez en pleine nuit. Si vous préférez, vous pouvez également vous livrer à un paisible exercice visuel en vous représentant, par exemple, des ramures bercées par le vent. Vous pouvez, enfin, utiliser la bonne vieille méthode qui consiste à compter des moutons. Si ces exercices n'ont pas un effet immédiat, persévérez. Au terme de quelques nuits, votre inconscient commencera à comprendre le message.*

10 *Ne vous préoccupez pas de votre nombre d'heures de sommeil. Nos corps évaluent très précisément la quantité de sommeil dont ils ont besoin. S'angoisser ou s'énerver parce que l'on ne peut pas arriver à s'endormir est la meilleure façon de rester éveillé.*

Entre veille et sommeil

Veille et sommeil ne peuvent pas être opposés l'un à l'autre. Ils sont liés par deux demi-mondes transitoires, insaisissables, fragmentaires et presque aussi énigmatiques que l'univers des songes. La période hypnagogique se situe entre la veille et le sommeil, et le stade hypnopompique intervient entre sommeil et éveil. Les deux se caractérisent par une succession de visions flottantes et d'images étranges, souvent d'une grande beauté. Nombre d'images hypnagogiques et hypnopompiques n'ont aucun rapport avec la mémoire factuelle. Elles sont plutôt comparables aux images qui nous apparaissent au fil des différentes étapes d'une méditation, et suggèrent qu'elles proviennent du plus profond de notre inconscient créatif. Elles ont certainement été sources d'inspiration pour des artistes surréalistes tels Salvador Dali et René Magritte.

Exercez-vous à faire apparaître des images hypnagogiques en vous empêchant délibérément de sombrer dans un sommeil profond. Sommeillez tout en prêtant mollement attention à une œuvre musicale ou à une émission de télévision, puis laissez dériver votre esprit. Remarquez à quel point votre attention oscille entre différents niveaux de conscience, élaborant des pensées claires et d'étranges visions qui, soudainement, semblent apparaître devant vos yeux.

Lorsque vous vous couchez, essayez d'être détendu et vigilant en permettant au siège de vos pensées de se reposer légèrement dans un espace intérieur situé derrière vos paupières. Laissez les images surgir à leur propre rythme. Les premières seront peut-être floues ou fugitives et facilement oubliées, aussi soyez attentif. Faites en sorte que les images apparaissent et disparaissent comme si elles étaient animées d'une vie propre.

Clef d'un songe

Essayez de vous endormir dans la position assise, ce qui est facilement réalisable en train, en avion ou en automobile. Lorsque vous vous assoupissez, votre tête dodeline et cela vous réveille. C'est un bon moyen de se situer à la frontière du sommeil, particulièrement propice à l'apparition d'images hypnagogiques.

Des paysages étranges, *que vous n'avez jamais vus, peuvent surgir devant vos yeux au moment où vous glissez dans le sommeil.*

Si, en dépit des efforts que vous déployez, vous vous endormez avant que n'apparaissent les visions hypnagogiques, essayez d'utiliser une technique tibétaine pour les provoquer. Représentez-vous un disque de lumière en rotation – situé derrière vos paupières ou au niveau de votre cœur – à travers lequel se manifesteront les images que recèle votre inconscient : un sage bouddhiste, un animal, un visage, un paysage mystérieux. Chacune des images est directement liée à votre expérience personnelle. Si cette technique reste inefficace demandez à votre esprit ensommeillé de vous présenter les images que vous avez envie de voir, ou imaginez des séquences de chiffres ou de lettres de l'alphabet, qui peuvent se transformer en figures géométriques qui, à leur tour, favorisent généralement l'apparition spontanée d'images hypnagogiques. Parfois, la période hypnagogique est dominée par des visions effrayantes. Si ces images persistent, chassez-les en imaginant, à leur place, un mandala (symbole concentrique de méditation) ou un symbole de votre choix auquel vous associez des choses agréables. Si vous vous contentez de repousser les images, vous ne ferez que constater leur importance. Paradoxalement, il se peut que, ce faisant, vous renforciez leur présence.

Significations et messages

Les messages émis dans nos rêves sont généralement véhiculés sous forme de symboles, qui représentent une idée, un concept ou une émotion difficiles à verbaliser. La présence de ces symboles est l'une des raisons pour lesquelles les rêves semblent si mystérieux ou même totalement dénués de sens. Mais si on commence à décrypter ce langage symbolique on découvre que les rêves ont bien une signification et qu'ils font appel à nos sentiments de la même façon que la poésie, la peinture et la musique. Les rêves jaillissent de l'inconscient et utilisent des symboles – la partie originelle du langage de l'inconscient qui précéderait le développement du discours. Comme nous le verrons ultérieurement, beaucoup des symboles utilisés dans les rêves sont indissociables du rêveur et ont été élaborés au gré de son expérience personnelle. D'autres, toutefois, semblent être plus universels et ont pour origine l'inconscient collectif. Ces symboles universels sont souvent liés aux animaux ou aux forces naturelles : dans de nombreuses cultures, les oiseaux, par exemple, sont associés à la notion de liberté, le feu à la destruction et à la purification, tandis que l'eau incarne la vie même.

En travaillant les rêves, on entre en contact avec ce langage sym-

bolique qui permet de fouiller de plus en plus profondément notre inconscient et de partir à la recherche passionnante (mais parfois dérangeante) de nous-mêmes. Au cours du voyage, toutes sortes de messages pourront nous être transmis mais leurs sens sera fonction de nos préoccupations et de nos centres d'intérêt personnels.

La plupart des messages émis dans les rêves concernent les espoirs, inquiétudes ou angoisses du quotidien. Des études ont démontré que les rêves des femmes, par exemple, avaient tendance à se focaliser sur le foyer, alors que ceux des hommes étaient plus souvent centrés hors de la cellule familiale. Cependant, nombre de nos rêves ont pour origine des strates plus profondes de notre esprit (voir page 24). Avant de vous plonger dans les méthodes d'interprétation décrites ultérieurement, demandez-vous pour chacun des rêves dont vous vous souvenez, quel message il *pourrait* véhiculer. Vous pouvez, par exemple, avoir rêvé que vous avez rencontré un étranger, que vous êtes entré dans un magasin, ou que vous avez abattu un arbre. Quel message ces rêves tentent-ils de faire passer ?

D'une manière générale, les rêves concernent plus souvent ce qui pourrait être que ce qui est. Ils peuvent suggérer que vous souhaitez élargir votre horizon, ou vous engager dans de nouvelles voies. Parfois, ils semblent nous avertir d'un danger ou de la nécessité de réfléchir à deux fois à un projet que nous formons. Si nous ne devions en tirer qu'un seul enseignement, c'est que nous ne pouvons pas nous permettre de les ignorer.

Rêver

Beaucoup de gens ont une activité psychique nocturne intense. D'autres prétendent ne jamais rêver. Pourtant l'humanité n'est pas divisée en rêveurs et non-rêveurs. Nous rêvons tous et toutes les nuits. La différence réside en ce que certains se souviennent de leurs rêves sans difficulté, alors que d'autres, pour telle ou telle raison, ne les mémorisent pas et leurs heures de sommeil sombrent dans l'oubli total. En appliquant les méthodes décrites au chapitre suivant, chacun d'entre vous doit pouvoir se souvenir, au réveil, d'une partie de ses rêves.

Pour comprendre la nature de ces expériences, il faut admettre que leur origine se situe à différents niveaux de notre inconscient. Sigmund Freud, qui a attiré l'attention de la communauté scientifique sur l'univers des rêves, a suggéré que la vie inconsciente s'articulait autour de deux niveaux : le « préconscient » et l'« inconscient ». À ces deux niveaux, Carl Jung en a ajouté un troisième, l'« inconscient collectif ». Selon eux, et les écoles de psychothérapie plus contemporaines, ces niveaux sont des strates de plus en plus profondes de la psyché qui exercent une forte influence – souvent méconnue – sur notre comportement conscient. En ouvrant de nouvelles perspectives sur chacun de ces niveaux, et en nous y sensibilisant, les rêves peuvent constituer l'un des éléments essentiels de l'auto-analyse.

Chacun de nos rêves peut avoir un contenu issu de plusieurs niveaux. Cependant, il est fréquent que l'une ou l'autre des strates prédomine et oriente la façon dont nous percevons chaque rêve. Ceux issus du préconscient, par exemple, s'inscrivent, en fait, dans le droit fil de nos préoccupations diurnes, et tissent des liens entre des fragments d'événements récents, des soucis immédiats, des espoirs et des désirs. L'interprétation littérale de ces rêves est souvent possible.

Clef d'un songe

Représentez-vous la structure mentale sous la forme d'un gratte-ciel. Nous passons le plus clair de notre temps dans les étages élevés, siège de la conscience. Occasionnellement, cependant, nous accédons aux étages inférieurs, siège de l'inconscient. Gardez cette image du gratte-ciel présente à l'esprit au moment de vous endormir, et veillez à ce que vos rêves circulent librement dans tous les étages, à la recherche de leur propre signification.

Les niveaux de signification

Les rêves ont pour origine différents niveaux de l'inconscient que l'on peut décrire ainsi :

Niveau 1 – *le préconscient : lieu de l'appareil psychique le plus accessible. Il est le siège de tous les processus mentaux qui, lorsque nous nous réveillons, peuvent revenir à la conscience.*

Niveau 2 – *l'inconscient : siège des souvenirs qui échappent à la conscience mais qui exercent une influence considérable sur notre vie psychique et, bien entendu, sur nos rêves. Les traumatismes subis dans l'enfance, les désirs et appréhensions refoulés, les émotions et attentes non reconnues, font partie intégrante de notre inconscient qui se développe et se modifie au fil du temps.*

Niveau 3 – *l'inconscient collectif : les idées, symboles, thèmes et archétypes originels constituent la matière première des aspirations, pulsions et désirs profonds de l'humanité. L'inconscient collectif est un héritage commun à nous tous. Il est à l'origine des thèmes récurrents des mythes et légendes de toutes les cultures. Jung a comparé l'inconscient collectif au « vaste entrepôt historique de l'espèce humaine ».*

Comme les rêves du niveau 1 concernent fréquemment des événements de la journée, nous considérons, souvent à tort, qu'ils n'ont aucune signification. Pourtant, tout rêve est porteur d'un message et nous devrions nous demander pourquoi notre inconscient a privilégié tel élément futile plutôt que des préoccupations plus sérieuses. En fait, le rêve peut l'avoir utilisé comme moyen indirect de faire appel aux niveaux 2 ou 3 auxquels nous n'accédons directement qu'avec beaucoup de difficultés. Un rêve peut, par exemple, reprendre l'incident, bénin, d'une numérotation téléphonique erronée pour signifier une peur profonde, méconnue, à communiquer avec les autres. En ce sens les éléments apparemment futiles du niveau 1 peuvent aider à décrypter la signification profonde des messages du niveau 2 lors de l'interprétation.

Les rêves du niveau 1 *donnent l'impression de représenter sans détour vos soucis quotidiens. et pourtant ils masquent ou révèlent fréquemment des préoccupations plus sérieuses.*

Les rêves du niveau 2 se rapportent souvent aux souvenirs oubliés depuis longtemps et aux problèmes personnels importants. Ils présentent souvent des situations et des événements qui ne semblent avoir qu'un rapport très lointain avec ceux de l'état éveillé. Le rêveur peut se retrouver dans la peau d'un personnage étrange ou se comporter de façon totalement imprévisible. Le rêve peut également vous hanter pendant plusieurs jours comme pour vous inciter à en démonter les rouages. Une analyse rigoureuse, conduite parfois à partir de l'élément qui vous semble le plus dénué de valeur, peut dévoiler des aspects essentiels de votre vie intérieure.

Habituellement, le symbolisme des rêves du niveau 2 est propre à chaque rêveur. Rêver d'un magasin de vêtements peut symboliser, pour telle personne, le désir puéril d'habits neufs plutôt que des fripes cédées par un aîné et révéler ainsi un complexe d'infériorité ou du ressentiment. Pour telle autre, il sera associé à l'humiliation

précoce ressentie en renversant un présentoir au cours d'une course défendue dans un magasin.

Les rêves du niveau 3, les plus rares, sont relatifs aux thèmes importants tels que la spiritualité, la vie et la mort, les transformations, l'amour, les sacrifices et l'héroïsme. Les symboles qui opèrent à ce niveau sont universels. La meilleure façon de les comprendre consiste à étudier leur apparition dans les mythes et légendes de notre propre culture ou dans ceux d'autres civilisations.

Cette méthode est appelée « amplification » (voir page 96). Jung a qualifié ces songes de « rêves nobles », et souligné qu'ils survenaient à l'occasion de périodes de transition importantes de la vie. Il a également indiqué qu'il était possible de s'en souvenir pendant des années sans que leur fraîcheur ou leur force n'en soit affectée.

***Les rêves du niveau 2** ont un lien direct avec les éléments de votre inconscient.*

***Les rêves du niveau 3** sont le reflet des thèmes récurrents de l'inconscient collectif.*

Le nombre et la proportion de rêves générés par chacun des trois niveaux varient selon les individus. Ceux qui explorent leur vie intérieure par le biais de la méditation ou qui ont entrepris une psychothérapie constatent souvent une augmentation des rêves du niveau 3. Les cycles du sommeil peuvent engendrer l'apparition, à des moments précis, de certains types de rêves et avoir une incidence sur leur perception. Avec un réveil réglé sur des heures déterminées, vous pouvez explorer ces différents cycles en tentant de vous souvenir de vos rêves dès que la sonnerie retentit. Vous découvrirez peut-être que vos rêves les plus réels et les plus significatifs apparaissent au cours des dernières heures de sommeil et qu'habituellement ils sombrent dans l'oubli.

Avertissements et prémonition

Les rêves peuvent-ils être des messagers, prédire l'avenir, ou permettre d'infiltrer la pensée des autres ? Beaucoup le croient et quelques expériences de télépathie ont fait l'objet d'observations parfaitement sérieuses. À l'hôpital Maimonides de Brooklyn, à New York, par exemple, on a demandé à des volontaires de se concentrer sur des images précises pendant que d'autres personnes dormaient. Les dormeurs, réveillés pendant les périodes de sommeil rapide paradoxal, rapportaient un nombre significatif de rêves clairement influencés par ces images.

Les rêves sombres *nous laissent une impression de malaise. On réalise, parfois, plus tard, qu'ils étaient les présages d'une catastrophe.*

Un autre aspect des rêves est la prémonition – connaissance extra-lucide d'événements futurs – qui fait que certaines personnes ont rêvé de désastres imminents, comme le naufrage du *Titanic* en 1912 ou l'attaque de Pearl Harbor en 1941 par les Japonais. La science n'a jamais réussi à expliquer cette apparente aptitude à prévoir l'avenir, mais de nombreux cas fiables en témoignent.

Pour faire l'expérience, très simple, d'un rêve prémonitoire, essayez de prévoir le gagnant d'une course de chevaux. Pour éviter de rationaliser et, par conséquent, de brouiller les cartes, il est préférable que vous soyez profane en la matière. Thelma Moss, psychologue américaine, a rapporté le cas d'une femme qui a donné le gagnant jusqu'à quatre fois par semaine et cela pendant quatre mois.

Il existe bien d'autres exemples avérés de ce type. Il semble, curieusement, que l'argent gagné dans ces conditions doive être utilisé dans un but charitable. En effet, plusieurs personnes ont constaté qu'elles perdaient cette faculté dès qu'elles dépensaient à leur profit les gains réalisés.

Rêvez le tiercé gagnant

EXERCICE 1

Un des moyens de s'essayer aux rêves prémonitoires est de prédire le vainqueur d'une course de chevaux. Bien entendu, il n'est pas nécessaire de parier vraiment pour faire l'exercice. Il repose sur un système d'élimination mis au point par Charles Horwood, ingénieur à la retraite, fonctionnaire britannique.

1 Choisissez une course une semaine à l'avance. Attribuez un numéro à chaque cheval et dressez, au hasard, deux listes distinctes. Avant d'aller vous coucher, lisez les listes et concentrez-vous sur les noms et sur les numéros. Placez les listes de part et d'autre de votre lit.

2 Le matin, essayez de vous souvenir si vos rêves suggéraient un nom ou un numéro.
Déterminez également laquelle des listes, droite ou gauche, vos rêves ont privilégiée indiquant par là même celle où figure le gagnant.
Notez vos conclusions.

3 La nuit suivante, répartissez de nouveau au hasard les chevaux dans deux nouvelles listes, en conservant les numéros attribués précédemment. Répétez les deux premières étapes de l'exercice, et conservez les différentes listes ainsi que les notes que vous avez rédigées sur vos rêves.

4 Répétez l'opération toutes les nuits et isolez progressivement l'un des chevaux en identifiant ceux qui figurent régulièrement dans la liste privilégiée par vos rêves. Si vous estimez qu'un rêve met nettement l'accent sur un nom ou un numéro, cessez le processus d'élimination.

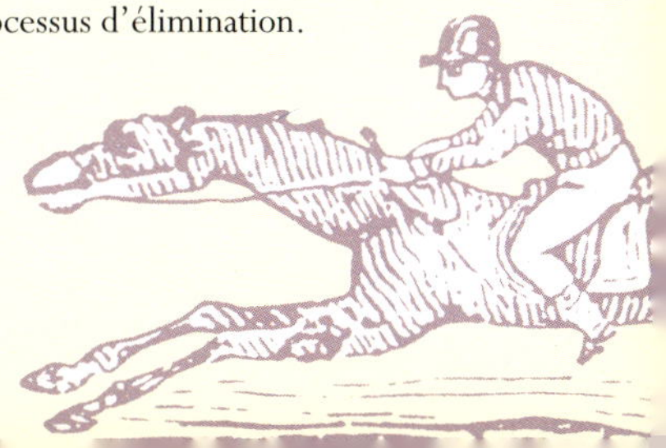

Entrez en contact avec le monde des rêves

« Des aspects de la nature, campagnes et monts,
Des ciels si admirables après un orage,
et la lune et le soir d'un éclat si surnaturel,
... Je rêve, je rêve, je rêve. »
Walt Whitman[1]

Imaginez que vous vous rendez au théâtre voir une pièce intéressante, mais que l'on vous attribue une mauvaise place, loin de la scène et derrière un pilier. Vous n'apercevez qu'une partie de la scène et vous ne saisissez que quelques fragments de l'action. Vous ne comprenez pas la signification générale de la pièce. Le lendemain, vous retournez au théâtre. La pièce est différente, mais vous êtes toujours aussi mal placé : vous distinguez à peine les personnages et les décors, et la trame de l'histoire vous échappe totalement. Au terme de plusieurs soirées du même acabit, vous êtes tenté d'abandonner, et vous jurez de ne plus jamais mettre les pieds au théâtre.

Cependant, des amis qui ont bénéficié de places bien meilleures que la vôtre vous assurent qu'ils ont vécu un moment inoubliable, et vous font part de la magnificence et de l'intérêt du spectacle. Encouragé par leur récit, vous finissez par décider d'obtenir une place de premier choix, et vous êtes subjugué par ce qui se déroule devant vos yeux.

De la même façon, la plupart d'entre nous ne perçoivent de leurs rêves que quelques bribes séduisantes et intrigantes. Pour mieux les comprendre et les apprécier, il faut commencer par obtenir une place de choix dans le théâtre de notre sommeil. Dans ce chapitre, nous explorons les différentes méthodes permettant de mieux visualiser nos rêves et d'en dégager la richesse et la clarté évoquées par Walt Whitman.

1. NdT : in *Feuilles d'herbe,* traduit par Léon Bazalgette, Mercure de France, 1955

Accédez aux possibles

Clef d'un songe

Dans différentes traditions orientales, les rêves sont perçus par le « troisième œil » situé au-dessus et entre les deux yeux. Appliquer de l'essence de santal ou de l'eau fraîche au milieu du front, au niveau du troisième œil, est censé renforcer son acuité visuelle (voir p.71).

Nous avons tous la possibilité de jouir d'une vie nocturne riche. Parfois, la clef permettant de libérer ce potentiel a, pour telle ou telle raison, été ensevelie ou déposée dans un lieu sûr mais inaccessible et caché au plus profond de nous-même. La première des choses à faire est de la trouver. Pour stimuler l'apparition des rêves, les Amérindiens absorbaient des plantes hallucinogènes, les Mayas se pressaient le crâne pour exercer une influence sur le cerveau, et les saints chrétiens s'infligeaient l'autoflagellation et le jeûne. Les traditions orientales se caractérisaient par une suspension volontaire de la respiration ou par l'absorption d'opium ou de cannabis, mais en ce qui nous concerne, nous n'avons nul besoin de recourir à de tels procédés.

Les rêves sont essentiellement des expériences *visuelles.* Développer cette acuité permet d'entrer en contact avec notre moi le plus profond. Souvent, cela se résume au réapprentissage d'une disposition naturelle délaissée depuis l'enfance. Essayez de fixer, sans cligner, un objet ou une scène. Fermez les yeux mais gardez l'image présente à l'esprit et tentez de mémoriser un maximum de détails. Soyez attentif à la façon dont elle persiste dans votre imagination. Si cet exercice vous semble difficile, commencez par un objet simple, une bougie allumée par exemple, puis passez peu à peu à des images plus complexes (voir également page 54).

Prenez conscience que les visualisations à l'état de veille et celles des rêves relèvent du même processus. L'exercice suivant a été conçu pour développer cette prise de conscience en effaçant la ligne de partage entre les paysages de notre quotidien et ceux que nous rêvons, permettant ainsi à la conscience de passer plus librement de l'un à l'autre de ces univers.

Décloisonnons l'univers factuel et l'univers onirique

EXERCICE 2

En dormant, nous voyageons sans entraves dans l'univers créatif de nos rêves. Cet exercice, qui repose sur des méthodes anciennes appliquées tant en Orient qu'en Occident, a pour objectif de jeter des ponts entre nos expériences quotidiennes et l'univers onirique.

1 Fermez les yeux et imaginez que vous contemplez, par une fenêtre, deux paysages différents séparés par un mur. L'un d'entre eux est celui, familier, de votre environnement habituel. L'autre, en revanche, est celui de vos rêves et n'est pas conforme aux lois de la nature ou aux règles de la logique.

2 Donnez libre cours à votre inconscient de sorte qu'il crée les détails de la visualisation. Dans le paysage du rêve, une route peut se transformer en rivière, des maisons avoir des yeux à la place des fenêtres, des voitures voler dans les airs. Aucun des paysages n'est plus « réel » que l'autre : ils sont le produit de votre imagination.

3 Tentez de donner au mur séparant les deux paysages une apparence quasi immatérielle : une brume légère qui se déplace sous l'effet du vent, par exemple. Les deux paysages peuvent alors s'interpénétrer. Le mur était en fait très artificiel et fort peu solide.

4 Imaginez que vous entrez dans la scène située devant vos yeux et que vous passez aisément de l'un à l'autre des paysages afin de permettre à vos univers conscient et onirique de se rapprocher. Lorsque vous vous sentez prêt à le faire, ouvrez les yeux. Répétez cet exercice aussi souvent que vous le souhaitez, mais surtout avant de vous endormir.

Les quatre éléments – feu, air, terre et eau (de gauche à droite) – constituent un excellent point de départ pour des rêves créatifs.

Dans l'Antiquité, les Grecs pensaient que les rêves étaient envoyés par les dieux. Les songes porteurs d'un message important passaient sous des portiques de corne, tandis que les autres entraient par des portes d'ivoire. Avant de s'endormir, les Grecs demandaient au dieu de leur choix de leur transmettre des rêves favorables. Livrez-vous au même type d'exercice, en vous représentant tel ou tel dieu de la mythologie grecque symbole de votre énergie psychique. Imposez à votre esprit l'image des portiques de corne et choisissez l'un des dieux – Apollon, dieu des Arts, ou Aphrodite, déesse de l'Amour, par exemple. Imaginez qu'Il ou Elle vous envoie des rêves de sagesse créative, d'harmonie intérieure et de bien-être. Utilisez une lumière dorée ou un arc-en-ciel, des fleurs ou des fruits exotiques pour les symboliser.

Les traditions chamaniques enseignent la nécessité d'un rituel d'accompagnement approprié dans le cadre duquel la fumée permet d'établir un lien entre l'humanité et l'Esprit. L'encens est un moyen sûr, plaisant et pratique de produire de la fumée et de sacrifier à ce rituel sans danger qui stimule l'imagination créatrice. Allumez un bâton d'encens et placez-le successivement aux quatre points cardinaux qui représentent les quatre éléments : associez l'Est avec l'air, le Sud avec le feu, l'Ouest avec l'eau et le Nord avec la terre. Élevez le bâton vers le ciel (le père), puis dirigez-le vers la terre (la mère). Élaborez vos propres images et vos propres mots pour accompagner chacun de ces mouvements et demandez à ce que des rêves surgissent de chacun des points cardinaux, ainsi que du ciel et de la terre.

Lorsque vous aurez développé efficacement votre potentiel de rêves, exercez-vous à les revisiter, en en faisant de nouveau l'expérience pendant la journée. La meilleure façon d'y parvenir consiste à imaginer une maison qu'ils habiteraient, où vous pourriez vous rendre à votre guise, et retrouver les rêves que vous souhaiteriez revivre.

Clef d'un songe

Concevez votre propre rituel et accomplissez-le avant de vous endormir pour libérer vos rêves. Il pourra inclure de la musique, des chants, des gestes ou des rythmes. En créant cette « structure », et en vous concentrant sur son déroulement, vous faciliterez l'émergence des songes.

Construisez une maison à rêves

EXERCICE 3

Construisez une maison pour vos rêves afin que votre inconscient créatif puisse y émerger spontanément. Laissez la porte d'entrée ouverte, pour y pénétrer à votre guise et être en contact avec vos songes même si vous avez des difficultés à vous les remémorer.

1 Fermez les yeux et demandez à votre inconscient de vous montrer une maison à rêves. Ne vous impatientez pas : si aucune image n'apparaît, ouvrez les yeux et attendez patiemment. Cela peut prendre un jour ou deux.

2 Lorsque vous distinguez précisément l'extérieur de la maison, ouvrez la porte d'entrée et pénétrez à l'intérieur. Faites émerger spontanément les pièces et leur mobilier, comme vous l'avez fait pour l'extérieur.

3 Imaginez que la maison est habitée par les souvenirs de vos différents types de rêves. Qu'elle ait ou non trois étages, considérez qu'elle en a trois, chacun correspondant à un niveau de votre vie inconsciente. Gravissez les marches pour découvrir ce que chacun comporte.

4 Imaginez que chacune des pièces renferme des souvenirs de rêves. Errez dans la maison, revenez dans certaines pièces et revisitez vos rêves, demandez à votre inconscient de se remettre à l'ouvrage de vos songes inachevés, de les compléter et d'en clarifier la signification.

Créez votre personnage onirique

Il y a parfois peu de liens entre les événements vécus en rêve et ceux de la vie. Nous pouvons, par exemple, être stressés et angoissés pendant la journée, et découvrir que nos rêves sont euphoriques. En d'autres périodes, le succès et le bonheur qui accompagnent notre vie quotidienne semblent obscurcis par des rêves sombres.

Ces incohérences apparentes ne témoignent souvent que d'un décalage, d'un retard accusé par l'inconscient dans son assimilation et sa réaction aux événements de la journée. Elles peuvent aussi témoigner d'un défaut de communication entre les niveaux conscient et inconscient de notre esprit. Plus fréquemment, cependant, cet écart s'explique par le fait que la tendance naturelle de l'inconscient consiste à compenser et à arrondir les angles des expériences excessives que nous vivons éveillés. L'inconscient penche pour la prudence dans les périodes heureuses et préfère l'optimisme lorsque nous sommes victimes d'une grande déception : les rêves sont l'un des outils qu'il peut utiliser pour maintenir un équilibre intérieur.

En gardant le contact avec notre inconscient, les rêves mettent au jour des zones enfouies, apportent l'harmonie où régnait la discorde assurant ainsi la préservation de notre équilibre. En somme, ils nous aident à faire face aux hauts et aux bas de notre existence.

Au lieu d'attendre passivement qu'elle se manifeste, nous pouvons rechercher cette aide de façon active en inventant un personnage qui voyagera à travers notre esprit endormi. Cette figure peut fort bien être à l'image du compagnon imaginaire que nous avions, peut-être, quand nous étions enfants. Elle peut aussi correspondre à la personne que nous avons toujours souhaité être, ou à une facette méconnue de notre personnalité. L'exercice suivant nous indique comment libérer ce personnage aventurier de notre inconscient, cet Ulysse des mers de nos nuits.

Clef d'un songe

Créez une version idéalisée de vous-même, dotée de tous les attributs physiques et psychologiques que vous souhaiteriez avoir. Penser à cette personne et induire un processus d'identification avant de vous endormir vous aidera à élaborer une image plus positive de vous-même.

Libérez votre personnage onirique

EXERCICE 4

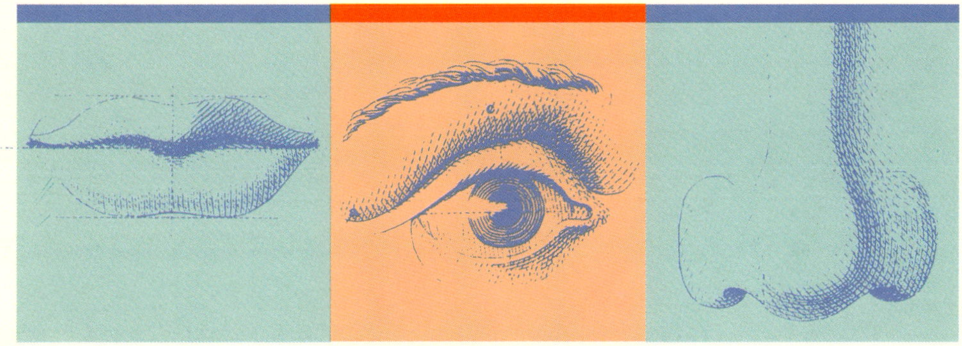

Invoquez votre personnage onirique, demandez-lui de devenir votre ambassadeur.

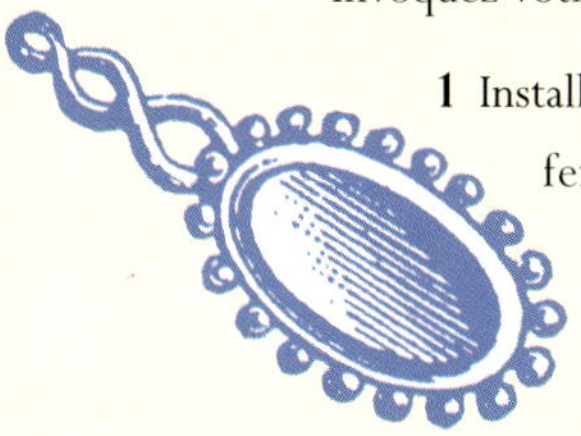

1 Installez-vous confortablement, fermez les yeux, et imaginez que vous êtes en face d'un miroir. Faites en sorte que l'image de votre reflet se construise aussi précisément que possible, et observez votre visage, vos cheveux et vos vêtements comme vous le feriez en face d'un véritable miroir.

2 Oubliez le miroir et contemplez votre image comme si elle était réelle et en trois dimensions. Dites-vous que cette image est celle du corps habité par vos rêves, qu'elle est une partie de vous-même qui peut pénétrer au plus profond de votre inconscient.

3 Demandez à cette figure de se rendre cette nuit dans la région de vos rêves que vous avez sélectionnée, de résoudre un problème qui vous préoccupe, ou d'explorer des domaines fugitifs – la sérénité, le bonheur ou la confiance en soi, par exemple. Remarquez à quel point cette image de vous-même accepte volontiers – en hochant la tête et en souriant – d'exécuter les instructions que vous lui donnez.

4 Représentez-vous, de nouveau, l'image de votre reflet dans un miroir, puis observez la disparition graduelle du miroir et de votre reflet jusqu'à votre retour dans la réalité. Lorsque vous vous sentez prêt, ouvrez les yeux pour libérer le personnage de vos rêves.

Souvenez-vous de vos rêves

Nous rêvons tous et nous faisons tous, approximativement, le même nombre de rêves, il est donc surprenant qu'autant de personnes déclarent ne jamais rêver, ou constatent que même leurs rêves les plus prenants s'évanouissent sans laisser de traces dès leur réveil. Cette difficulté à nous remémorer nos rêves peut être surmontée avec un minimum d'effort. Nous ne sommes pas tous exactement égaux devant cet obstacle, mais avec un peu d'entraînement et de bonne volonté, nous pouvons tous apprendre à revivre, assez précisément, nos aventures nocturnes.

La principale raison pour laquelle nous oublions nos rêves est que nous ne leur accordons pas suffisamment d'importance. Le mode de vie des Occidentaux, contrairement à celui d'autres cultures ou d'autres époques, néglige l'influence exercée par les rêves. Pour un Inuit ou un Xhosa, il serait inconcevable de déclarer qu'il ne rêve jamais, ou qu'il ne se souvient jamais de ses rêves. Enfant, il a appris l'importance des rêves, notamment pour se rapprocher du royaume des esprits. La plupart des Occidentaux, en revanche, ont tendance à penser que les rêves n'ont aucune utilité, et que rien ne justifie de les prendre au sérieux.

Le passage des éléments de notre vie inconsciente à la conscience est un processus délicat. Il peut aisément être perturbé par une conscience qui refuse de reconnaître l'intérêt de l'exercice. Dès que nous commençons à *vouloir* nous souvenir de nos rêves, nous sommes sur la bonne voie.

Un autre obstacle psychologique à la mémorisation des songes est notre tendance au refoulement, mécanisme de défense naturel qui nous protège des souvenirs, désirs ou appréhensions trop douloureux ou dérangeants pour que nous leur permettions d'accéder à la conscience.

Ces éléments peuvent être liés à des traumatismes anciens ou à des pensées et des comportements présentés jadis comme faisant de nous des êtres mauvais ou non aimables. Ils peuvent également avoir un rapport avec des pulsions « inavouables » – sexuelles notamment –, ou avec des idéaux et des ambitions qui ont été les nôtres, dont nous avons admis qu'ils ne se réaliseraient pas.

L'un quelconque de ces éléments peut émerger dans les rêves et disparaître instantanément au réveil. Si cette matière peut faire retour à la conscience, il devient alors possible d'en tirer nombre d'enseignements. Elle est pour la plus grande partie sans danger et innocente bien qu'étiquetée mauvaise, à tort, par d'autres avant que nous soyons assez matures pour forger notre propre jugement ; le reliquat doit être reconnu et laissé de côté.

La première étape *de votre exploration des rêves consiste à renforcer votre capacité à les remémorer.*

Une attitude négative à l'égard des rêves peut faire obstacle à leur retour à la conscience. Peut-être croyez-vous qu'un sommeil sans rêves est plus reposant, que la perte de contrôle apparente qu'ils provoquent est troublante, ou que vous n'êtes pas censé vous en souvenir. Il se peut aussi que des raisons profondément ancrées dans votre inconscient vous fassent oublier ce à quoi vous avez rêvé, que l'image qu'ils projettent de vous-même ne vous convienne pas, ou que vous craigniez l'influence des songes déplaisants. Enfin, vous avez peut-être le sentiment qu'il est fantaisiste et vain de s'intéresser aux rêves, ou qu'y prêter trop d'attention vous rendra moins efficace.

Essayez de vous interroger sur ce que vous pensez vraiment des rêves. Répétez-vous que vos rêves peuvent vous aider et que vous allez vous en souvenir. Faites l'effort d'accueillir avec bienveillance ce que vos songes peuvent vous enseigner sur vous-même, et gardez présent

Clef d'un songe

Réfléchissez pendant la journée aux rêves de la nuit précédente. Avant de vous endormir, établissez des liens imaginaires entre ces rêves et les événements de votre journée (comme dans l'étude de cas de la page suivante). En rapprochant les épisodes de vos vies diurne et nocturne, vous pouvez éclairer d'un jour nouveau certaines de vos préoccupations.

à l'esprit l'influence que les rêves peuvent exercer pour vous aider à devenir une personne plus efficace et plus épanouie.

Ces affirmations, proférées avec confiance juste avant de vous endormir, sont particulièrement utiles. L'inconscient est immédiatement averti des doutes qui jalonnent notre vie consciente, et il réagit beaucoup plus facilement à ces incertitudes qu'aux messages positifs. Soyez sincèrement convaincu que vous pouvez vous souvenir de vos rêves et vous découvrirez que la mémoire que vous en aurez deviendra plus aiguë.

Cependant, passés au crible du conscient, les rêves apparaissent souvent déformés. Des détails font retour à la conscience mais sont transformés, à notre insu, pour éviter d'être rejetés. À peine le souvenir a-t-il surgi, que nous oublions ou modifions progressivement certains de ses aspects les plus révélateurs. Il est donc indispensable de tenter de mémoriser nos songes, sans les censurer, dès notre réveil.

Outre les efforts que notre conscience peut déployer pour lever les obstacles au souvenir des rêves, il existe un certain nombre de méthodes permettant de renforcer notre capacité à nous les remémorer. Nombre d'entre elles ont été appliquées pendant des siècles dans le cadre des grandes traditions mystiques et spirituelles.

Que vous adhériez ou non à ces théories, gardez présent à l'esprit que ces méthodes anciennes ont fait leurs preuves.

Avant de vous endormir, passez en revue les événements de la journée en commençant par vous rappeler les rêves de la nuit précédente. Jetez des ponts entre les souvenirs de vos rêves et les activités de votre journée, et tissez des liens entre l'univers onirique et la réalité afin de brosser un tableau plus complet des deux versants de votre vie.

Le Graal et le ballon

Étude de cas numéro 1

Le jeune cadre dynamique qui a fait ce rêve a trouvé une façon ingénieuse de l'associer aux événements de la journée suivante, et d'utiliser intelligemment son imagerie pour tisser des liens entre veille et sommeil.

« J'ai rêvé de deux hommes en costumes d'époque qui se battaient en duel avec des épées. Le perdant (le héros de mon rêve) a eu la tête tranchée. J'avais conscience qu'il ne s'agissait que d'un rêve et qu'il ressusciterait à mon réveil, comme un acteur au moment des rappels. Un peu plus tard, en me rendant à mon travail au volant de ma vieille voiture, j'ai réalisé que celle-ci était une « pièce de collection », d'époque, comme les costumes du rêve. Au travail, je me suis disputé avec mon patron – un « duel oratoire » nous a opposés – et j'ai eu l'impression d'avoir « la tête tranchée ».

« Dans le courant de l'après-midi, les armes blanches du rêve m'ont rappelé Excalibur, l'épée du roi Arthur, et la quête du Saint-Graal. La poignée d'Excalibur forme une croix, mais dans le rêve, l'époque était différente, et les poignées des épées étaient des paniers. Au mot « panier », j'ai immédiatement associé une montgolfière Un peu plus tard, mon patron m'a présenté ses excuses. Je me suis dit que la « résurrection » pouvait donc se produire avant les « rappels ».

« Avant de m'endormir, j'ai mentalement placé les événements positifs de la journée dans le Saint-Graal, et tout ce qui était négatif dans la nacelle, sous le ballon que j'ai libéré. Il s'est envolé dans la nuit, emportant les difficultés et me laissant seulement les bonnes choses. »

Les techniques de remémoration

Notre inconscient réagit très bien à la suggestion, et les visualisations facilitent particulièrement la remémoration des rêves. Imaginez que vous vous réveillez et que vous vous souvenez de vos rêves. Veillez à ce que la visualisation soit aussi réaliste que possible : représentez-vous votre vue de la chambre lorsque vous ouvrez les yeux, la lumière du jour derrière les rideaux, le cadran du réveil, les tableaux accrochés aux murs. Imaginez que vos vies consciente et inconsciente sont totalement perméables, que vous prenez votre journal des rêves (voir page 44) et que vous y rédigez, avec précision, le récit de vos aventures nocturnes.

À l'image du jeune cadre de l'étude de cas numéro 1 (page 41), essayez d'établir une continuité entre l'état d'éveil et le sommeil, de façon à pouvoir circuler sans entraves de l'un à l'autre des deux univers. Le processus peut être facilité en buvant la moitié d'un verre d'eau avant de vous endormir. Placez le verre sur la table de chevet, tentez de le garder présent à l'esprit pendant toute la nuit, et imaginez-vous absorbant les dernières gorgées à votre réveil. Le matin, rappelez-vous des détails de la visualisation en finissant le verre d'eau.

Toutes les méthodes de remémoration des rêves requièrent un peu de temps et de patience. Si vous en changez trop souvent, aucune ne donnera des résultats satisfaisants. Non seulement elles auront peu de chances d'être efficaces mais votre inconscient déduira que vous ne leur accordez que très peu de crédit.

Votre aptitude à vous souvenir de vos rêves est étroitement liée à votre capacité de mémorisation en général. L'exercice présenté ci-contre vous aidera, dans votre vie quotidienne, à fortifier votre mémoire, et, par voie de conséquence, à mieux vous souvenir de vos rêves.

Le jeu de Kim

EXERCICE 5

Le « Jeu de Kim », pratique d'origine orientale décrite par Rudyard Kipling dans son roman *Kim*, est un exercice d'entraînement de la mémoire qui a fait ses preuves. Qu'il ait ou non des effets bénéfiques sur notre vie psychique, il est indéniable en revanche, qu'il développe la mémoire, et peut nous aider à nous souvenir de nos rêves.

1 Demandez à un ami de placer dix objets sur un plateau. Observez-les pendant dix secondes, puis notez sur un papier tous les objets dont vous vous souvenez. Tentez, si possible, de vous rappeler leur apparence plutôt que leur nom.

2 Lorsque le jeu vous semble plus facile, changez les objets et augmentez leur nombre. Accordez-vous une seconde supplémentaire par objet ajouté. Puis, petit à petit, réduisez la durée d'observation.

3 Lorsque vous aurez joué plusieurs fois, demandez-vous quels sont les types d'objets dont vous vous souvenez le plus facilement et ceux qui vous échappent. Leur forme, leur couleur, ou leur fonction ont-elles une incidence sur la mémorisation ? Comment faire, la prochaine fois, pour mieux vous souvenir des objets que vous oubliez toujours ?

4 Vous observerez peut-être que les objets utiles ou agréables retiennent plus facilement votre attention, témoignant ainsi de la nécessité d'être plus attentif aux objets plus neutres.

Tenez un journal des rêves

Quelles que soient les méthodes utilisées pour vous souvenir de vos rêves, il est fondamental que vous teniez un journal. Placez un cahier et un stylo sur votre table de chevet, et consignez vos rêves dès votre réveil. Veillez à faire un minimum de mouvements qui pourraient vous distraire. Le simple fait de vous retourner dans votre lit peut volatiliser vos souvenirs. Écrivez sans attendre : les rêves les plus vivants s'évanouissent rapidement ou leurs détails se transforment en quelques instants.

Il y a bien des façons de tenir un journal des rêves. Certains préfèrent classer événements, personnages, couleurs et émotions dans des colonnes distinctes. Cependant, établir des catégories alors même que vous faites un effort de mémoire peut contribuer à vous les faire oublier. La meilleure méthode consiste à écrire le rêve, puis à prendre votre temps pour l'analyser et le classer. Écrivez sur la page de gauche du cahier et réservez la page de droite à l'interprétation, aux commentaires et aux schémas, ainsi qu'à l'analyse ultérieure.

Datez chaque récit et notez un maximum de détails, – au stade de l'interprétation, les aspects les plus insignifiants se révèlent souvent les plus importants.

Écrivez toujours au présent : essayez de re-vivre le rêve en le consignant et notez soigneusement toutes vos émotions.

La page suivante est tout à fait caractéristique de celle d'un journal des rêves.

*« Je suis dans un magasin de jouets, une sorte de musée du jouet victorien.
Je décide d'acheter une boîte de grands soldats de bois, vêtus d'un uniforme rouge,
mais lorsque je m'approche de la caisse, le vendeur me dit qu'elle n'est pas à vendre.
Son visage est dans l'ombre, mais je remarque ses vêtements de couleur sombre
et le col cassé de sa chemise. À la place des soldats, il me demande de choisir un livre
dans le grand rayonnage que je n'avais même pas remarqué. »*

*« Déçu, je prends un livre au hasard, et je le feuillette. Il compte
de nombreuses illustrations, et, soudainement, je me retrouve enfant, assis
devant la table de cuisine verte de notre ancienne maison,
à regarder un livre d'images. L'une d'entre elles représente la vitrine
d'un magasin de jouets au centre de laquelle est présentée une boîte de soldats
en bois. Le vendeur, raide et en bois, dans ses vêtements noirs et avec sa chemise
au col cassé, trône au milieu de la boîte. Je suis fâché, comme s'il avait essayé
de me jouer un tour, et je me dis : il ne s'est même pas donné la peine
de mettre son uniforme. »*

Dessinez vos rêves

EXERCICE 6

Que vous soyez ou non doué pour le dessin, transcrire l'aspect visuel d'un rêve vous aidera à en fixer les détails importants, même si vous n'en saisissez la signification que bien longtemps après.

1 Griffonner dans le journal de vos rêves vous aidera à les décrire et à les mémoriser. Réservez un carnet distinct aux dessins plus élaborés.

2 Le talent artistique est sans importance : le but est de tenter de restituer avec sincérité les émotions et l'atmosphère du rêve. La transcription schématique des songes suscite d'autres souvenirs et aide l'inconscient à établir des associations et à révéler des symboles qui facilitent l'interprétation.

Dans les rêves, le **bleu** *– couleur du ciel – symbolise souvent l'intellect, la tranquillité et la contemplation.*

Le **vert** *est la couleur de la nature et des sens. Il peut aussi représenter, selon le contexte, l'envie ou la désintégration.*

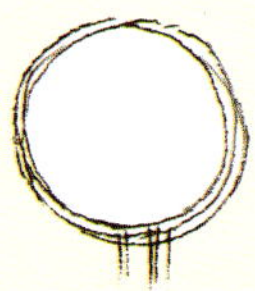

Le **blanc** *est souvent associé à la pureté et à la virginité, mais il peut aussi symboliser le deuil ou le désir de transcendance.*

3 Essayez de dessiner vos rêves de façon à la fois figurative et abstraite. Incluez les personnages, et prêtez une attention particulière aux figures géométriques (croix, cercle, triangle, carré), aux éléments, à la lune ou à tous les corps célestes qui peuvent vous apparaître. Vous pouvez également représenter le songe sous la forme d'un mandala (diagramme concentrique utilisé par les brahmanes pour la méditation) : figurez le thème au centre, et disposez tout autour les associations d'idées qui en découlent. Usez de spontanéité et d'intuition, sans censure, et ne laissez en aucun cas intervenir votre raison.

4 Les couleurs jouent un rôle important dans les rêves et doivent être soigneusement notées dans le carnet de croquis. Chacune des couleurs a sa propre symbolique, comme indiqué ci-dessous.

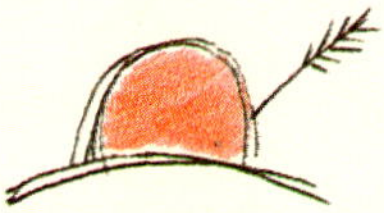

*Le **rouge** est symbole d'énergie, de vie et d'agressivité ; il est la couleur du sang et de la colère.*

*La couleur **or** a un caractère divin ; elle est aussi celle du soleil et de la masculinité.*

*Le **noir** est associé à la mort, mais aussi à la résurrection et aux arcanes de l'inconscient.*

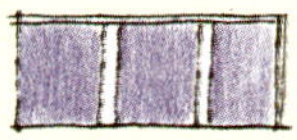

*Le **violet** est la couleur de l'union mystique des contraires (bleu et rouge).*

Tissez des liens

Si notre vie était représentée sous la forme d'une tapisserie de sentiments, d'idées, d'activités et de personnes, alors nos songes en seraient les fils dorés, brodés et piqués dans la trame de notre passé, présent et avenir, comme pour en souligner les préoccupations sous-jacentes.

Le journal dans lequel vous rédigez et dessinez vos rêves peut en indiquer les motifs récurrents, et vous aider à comprendre à quel point ces éléments qui se répètent commentent, parfois, les événements de l'état éveillé.

__Les biens personnels__ et les obsessions prennent souvent beaucoup d'importance dans nos rêves et sont révélateurs de la structure de nos vies intérieures.

Recherchez les liens entre les rêves et votre vie quotidienne récente ou plus ancienne. Étudiez dans votre journal les rêves récurrents, dont les images ou les thèmes répétitifs peuvent révéler de graves problèmes auxquels le rêveur doit réfléchir sans détour. Ils indiquent souvent le besoin d'exprimer telle ou telle facette de sa personnalité. Parfois, ils révèlent des pans entiers de la vie intérieure du rêveur.

En accumulant les rêves dans votre journal, vous commencerez à discerner certains incidents, personnages, lieux, images, et même émotions, qui construiront progressivement un tableau complet de votre identité psychique.

Au début le tracé pourrait être partiel. Une fois les liens établis, tentez de lui donner corps à l'aide d'un rituel simple et reposant (voir ci-contre) qui vous permettra d'orienter votre inconscient dans des directions relativement précises.

Construisez le temple de vos rêves

EXERCICE 7

Cet exercice, destiné à provoquer des rêves spécifiques, est inspiré par une pratique, utilisée dans la Grèce antique, qui consistait à dormir dans des lieux sacrés pour invoquer l'assistance des dieux.

1 Dans votre lit, avant de vous endormir, imaginez que vous êtes au centre d'un temple grec, soutenu par quatre colonnes. Placez un autel en pierre devant l'une des colonnes.

2 Visualisez sur l'autel tout objet ou symbole auquel vous êtes particulièrement attaché : portraits d'êtres chers, objets précieux, livres ou images auxquels vous tenez ou encore des représentations récurrentes dans vos rêves. Placez des bougies au centre et à chacune des extrémités de l'autel.

3 L'espace qui vous entoure est désormais éclairé par la lumière douce et vacillante des bougies. Les détails du temple au-delà des colonnes s'évanouissent dans l'ombre, mais vous distinguez encore des statues de dieux et de déesses.

4 Un lit en bois est disposé devant l'autel. Approchez-vous, inclinez-vous devant l'autel et allongez-vous sur le lit.

5 Observez les objets disposés sur l'autel et plongez lentement dans le sommeil tout en gardant la conscience de ce temple et de sa magie.

Contactez l'inconscient

En apprenant à mieux explorer l'univers de vos rêves, souvenez-vous que le conscient et l'inconscient ont des modes spécifiques d'acquisition des connaissances. Le conscient est habituellement rationnel, logique et linéaire. Il recherche des modèles et des relations, s'intéresse à tout ce qui est cohérent et prévisible, se structure principalement autour du langage articulé, et peut aisément tester ses connaissances. En revanche, l'inconscient semble obstiné, volontaire et incapable de suivre des règles. Il progresse, à nos dépens, d'une façon qui paraît incohérente et imprévisible. Quelquefois, il donne l'impression de refuser délibérément de coopérer : nous avons tous constaté comment la raison peut dissimuler une angoisse alors que nos émotions stimulées par l'inconscient continuent de l'entretenir.

S'intéresser aux thèmes archétypiques *de la littérature, comme celui du désir et de l'envoûtement abordé par Keats dans sa splendide ballade* La Belle Dame sans merci, *peut enrichir l'univers de nos songes.*

Il serait irréaliste d'attendre de l'inconscient qu'il réagisse comme le conscient. Il peut, au terme d'une longue période d'efforts, continuer à prétendre ignorer le message que vous tentez de lui faire passer, et vous récompenser quand vous avez perdu tout espoir. Il est important d'être patient et de ne pas vous imaginer que l'inconscient va nécessairement réagir.

L'inconscient ressemble au conscient dans sa façon de répondre aux sollicitations. Vous devez lui faire comprendre que vous lui accordez beaucoup d'importance. Remerciez-le pour les rêves dont il vous gratifie et de toute amélioration de votre vie onirique. Interrogez-vous sur la façon de l'aider et attendez en silence les réponses. Ôtez-vous de l'esprit que ce type d'activités est ridicule. Elles présentent un certain nombre d'avantages psychologiques et enrichissent la perception des songes.

Simplicité et répétition sont les clefs d'une approche efficace de l'inconscient. Donnez-lui des instructions claires et sans ambiguïté : « Je vais me souvenir de mes rêves » ou « je vais voler dans mes rêves », par exemple. Répétez-les régulièrement.

Écoutez de la musique qui rappelle ou représente l'atmosphère du rêve dont vous souhaitez faire l'expérience. Lisez de la poésie romantique ou mystique. Visualisez ses symboles et pensez aux métaphores qu'elle véhicule. Observez et écoutez la façon dont votre esprit apprend à absorber ces impressions et résistez à la tentation réductrice qui consisterait à les traduire dans un langage articulé, rationnel et linéaire.

Il peut vous être utile de penser que votre inconscient est la source de votre vie psychique, et que le conscient est une espèce de revêtement constitué par l'apprentissage. Plus votre esprit sera rigide et inflexible, plus l'émergence de votre inconscient à la conscience sera difficile.

Nous pouvons également encourager les différents contenus de notre vie psychique à s'interpénétrer en utilisant de simples métaphores visuelles. Imaginez que votre conscient est un portier sérieux, puritain, qui maintient fermée la porte par laquelle votre inconscient tente vainement d'entrer. Visualisez à présent le conscient ouvrant la porte et accueillant l'inconscient comme s'il s'agissait d'une sœur ou d'un frère perdu de vue, et observez comment les deux versants de votre vie psychique conviennent qu'ils ont beaucoup à apprendre l'un de l'autre. Assurez-vous que, dorénavant, ils travailleront de concert et en parfaite harmonie.

Clef d'un songe

En vous endormant, imaginez que votre inconscient est un individu distinct de vous-même et qu'il se trouve dans votre chambre. Dans quel voyage aimeriez-vous qu'il vous emmenât ce soir ?

L'art de maîtriser ses rêves

« Apprendre à maîtriser ses rêves présente un certain nombre d'avantages... Cela peut aider à rassembler des informations et à modeler des songes qui, à leur tour, ont des effets bénéfiques. »
Patricia Garfield

Dans le cadre des recherches exhaustives qu'elle a menées sur les rêves et les rêveurs, Patricia Garfield a non seulement découvert que le désir de maîtriser le contenu des rêves était pratiquement universel, mais que les méthodes appliquées à cet effet existaient depuis des siècles et dans de nombreuses cultures. Peu importe les lieux ou les époques, ces techniques présentent des caractéristiques similaires qui attestent leur efficacité.

Il peut sembler surprenant d'apprendre que nous pouvons contrôler les activités nocturnes de notre esprit. Nous avons déjà observé que nous pouvons nettement améliorer notre aptitude à nous remémorer nos rêves. L'étape suivante consiste à les influencer. De la même façon que nous pouvons demander aux rêves de nous offrir des aventures fascinantes et une imagerie merveilleuse, nous pouvons encourager des rêves susceptibles de développer notre connaissance de nous-mêmes, et de nous indiquer la voie de l'harmonie intérieure.

Dès lors que nous apprenons à maîtriser le contenu de nos rêves, ils s'associent à notre vie quotidienne de façon beaucoup plus étroite. Nous pouvons leur demander de nous aider à résoudre des problèmes spécifiques et les analyser de nouveau pour en extraire la signification véritable. Nous pouvons rendre nos rêves plus agréables et plus poétiques. Nous pouvons devenir les auteurs d'ouvrages illustrés de superbes paysages et de textes vivants au lieu d'être ceux de guides ennuyeux et confus.

Développez vos capacités à rêver

Notre esprit ne cesse jamais de travailler et imagine toutes sortes d'activités. Si nous décidons de partir en voyage sur la côte, par exemple, nous nous interrogeons sur la forme de la plage, sur la musique des vagues se brisant sur les rochers et sur le goût du sel dans l'air. Nous prenons rendez-vous avec un ami et rapidement nous nous imaginons en train de le saluer à l'endroit convenu. En développant cette capacité à visualiser, nous pouvons apprendre à développer nos capacités essentielles à rêver.

Comme début à une visualisation efficace, concentrez-vous sur la vision elle-même. Bien trop souvent, nous « voyons » ce qui nous entoure, mais nous ne « regardons » pas réellement. Passez du temps dans un environnement naturel, observez attentivement les formes, couleurs et motifs de la nature. Dans les villes, remarquez la courbe d'une rue et l'architecture. Chez vous, regardez comment l'ombre et la lumière façonnent une pièce, examinez la texture et la couleur des meubles, des murs et des tissus.

Faites l'effort de regarder et d'apprécier certaines œuvres d'art qui sont les fruits de l'imagination créatrice. Tous les grands maîtres de la peinture – de Jérôme Bosch, via Michel-Ange, Claude Monet, Vincent Van Gogh, à Giorgio de Chirico ou Mark Rothko – ont largement puisé dans les ressources de leur inconscient pour créer ces images puissantes, universellement reconnues. Les cartes de Tarot, les œuvres des Amérindiens ou des aborigènes d'Australie, ainsi que les mandalas d'Inde ou du Tibet constituent également d'importantes sources d'inspiration.

En regardant ces images, en tentant de les mémoriser et de les sonder, elles s'impriment dans notre inconscient qui peut les modifier. L'exercice ci-contre a pour objectif d'élargir nos capacités de visualisation – pour maîtriser nos rêves.

Le tarot, *un symbole puissant, fournit un grand nombre d'images à méditer. Dans les étoiles, par exemple, une jeune fille verse de l'eau de deux brocs, un acte qui pourrait signifier ambiguïté et division.*

Modelez une pomme

EXERCICE 8

Dans les rêves, les objets subissent parfois des transformations étranges et complexes, qui révèlent une signification symbolique. Cet exercice devrait permettre à votre imagination visuelle de devenir plus agile, et de vous libérer du joug des formes immuables.

1 Concentrez-vous sur une pomme rouge. Visualisez-la attentivement, puis, lorsque l'image est mémorisée, modifiez mentalement la couleur : passez du rouge au vert, et inversement. Répétez l'opération deux ou trois fois.

2 À présent, visualisez-la en train de se décomposer, se ratatinant et finalement pourrie. Inversez ensuite le processus et observez la pomme en train de « ressusciter ». Lorsqu'elle apparaît, de nouveau, sous la forme d'un fruit sain, remontez toutes les étapes de sa croissance jusqu'au bourgeon. Revenez à son apparence d'origine en revisitant toutes ces phases. Ouvrez les yeux et constatez à quel point l'image que vous avez créée ressemble à l'original.

3 Fermez les yeux et visualisez la pomme une nouvelle fois. Transformez-la en orange, puis l'orange en poire, et inversement. Maintenant, tentez progressivement de la changer en balle de tennis, puis en boule de cristal.

4 Imaginez un être humain. Modifiez l'image de façon à passer de l'enfance à la vieillesse, et d'un sexe à l'autre. Visualisez également les modifications vestimentaires et d'expressions.

5 Tentez de vous convaincre que le lieu où « existent » les images fait autant partie du monde extérieur que de votre vie psychique. Ayez confiance dans votre aptitude à contrôler et transformer ce que vous voyez dans vos rêves.

Les rêves de vol

Le désir de s'élever dans les airs est un des thèmes centraux des fantasmes humains. Dans la mythologie et les légendes, le pouvoir de voler est réservé aux dieux ou aux autres êtres surnaturels, comme les anges, les fées, les chérubins et les séraphins. Pégase, le cheval ailé, Mercure, le messager ailé, ou le tapis volant des contes arabes sont autant de symboles d'une fascination qui pousse les hommes à regarder vers le ciel avec espoir et désir. Superman, célèbre personnage de bande dessinée doté du pouvoir extraordinaire de voler, participe lui aussi de cette volonté ancestrale de quitter les préoccupations terrestres pour atteindre les cieux.

C'est en grande partie à cause de ces aspirations profondes que voler est l'un des rêves les plus enthousiasmants qui puisse s'ouvrir à nous. Rêver que l'on vole donne un sentiment de liberté et affranchit des contraintes habituelles physiques, culturelles et émotionnelles. Échapper en rêve à la pesanteur nous permet d'oublier les préoccupations quotidiennes qui nous «tirent vers le bas». Selon certains observateurs, les rêves d'envol sont étroitement apparentés aux expériences de sortie du corps au cours desquelles l'âme ou l'esprit semble flotter au-dessus du corps physique.

Certaines personnes, qui ont rêvé qu'elles volaient, ont déclaré que cette expérience leur avait procuré un sentiment d'exaltation qui avait modifié durablement leur perception d'elles-mêmes et du monde extérieur. Peut-être ces songes ont-ils pour objet de nous rappeler que notre potentiel spirituel et psychologique est pratiquement infini. Le fait que ces rêves ne suscitent presque jamais d'appréhensions – même chez ceux qui ont le vertige ou qui redoutent de prendre l'avion – semblerait le confirmer. Ainsi le songe a peut-être pour fonction de rassurer le rêveur en lui signifiant que ses peurs sont sans objet.

Clef d'un songe

Lors de votre prochain voyage en avion, fermez les yeux et imaginez que le reste de l'avion a disparu. Assoupissez-vous légèrement lorsque vous sentez que vous vous élancez dans le ciel. Si alors vous rêvez d'envol, vous vous éveillerez peut-être bien reposé ou même grisé.

Apprenez à voler

EXERCICE 9

Pour tenter d'oublier que nous ne pouvons pas voler, et donc provoquer les rêves d'envol, cet exercice de visualisation débute par une identification avec des animaux et des objets qui échappent aux lois de la gravité.

1 Pendant la journée, concentrez-vous sur ce qui vole. Suivez des yeux le vol des oiseaux. Tentez de vous convaincre que, vous aussi, vous pouvez voler en rêve.

2 Imaginez ce que voit un oiseau et que vous contemplez la campagne à travers ses yeux, depuis le ciel. Convainquez-vous que, dans votre sommeil, vous pouvez expérimenter « vraiment » la vision de l'oiseau.

3 Lancez une plume, un pétale, une graine, un ballon ou un cerf-volant dans les airs et suivez son évolution. Rappelez-vous que si, dans la réalité, vous pouvez projeter ces éléments vers le ciel, vous pouvez vous y projeter, vous aussi, dans vos rêves.

4 Imaginez que votre corps devient plus léger et que son poids repose de moins en moins sur le sol situé sous vos pieds. Répétez-vous qu'en rêvant votre corps s'élèvera dans les airs sans efforts.

5 Avant de vous coucher, souvenez-vous de tous les exercices que vous avez faits pendant la journée. En vous endormant, faites le vœu d'emporter ces expériences avec vous et de les revivre dans vos rêves.

Encouragez vos rêves créatifs

Alors que la plupart des gens prétendent qu'ils n'ont pas, lorqu'ils sont éveillés, un esprit très créatif, chacun d'entre nous fait l'expérience, dans ses rêves, d'une inventivité exceptionnelle. Notre imagination, libérée des contingences terre à terre de la vie quotidienne, vaque à sa guise. Nous arpentons des paysages surréalistes ou pénétrons dans d'étranges édifices, nous transformons des visages et des lieux familiers, nous pouvons même forger des personnages de toutes pièces ou devenir quelqu'un de complètement différent. Tout acte créatif implique quatre étapes : la prise de conscience qu'un thème particulier a un potentiel créatif, ou qu'un problème exige une solution inventive ; la période d'incubation, pendant laquelle l'inconscient s'imprègne du stimulus initial ; l'illumination, moment où l'inconscient fait émerger l'idée créatrice à la conscience ; et enfin, la vérification, étape pendant laquelle l'idée est évaluée, exprimée ou mise en œuvre. Les rêves sont extrêmement utiles pendant les étapes deux et trois. Nous pouvons demander à nos songes de provoquer l'étincelle créatrice initiale, de l'explorer et de la présenter à notre conscience.

Des rêves ont ainsi fourni des intrigues à des écrivains ou livré des images à des artistes. Certains compositeurs prétendent même avoir littéralement rêvé des mélodies. Que ces rêves s'échafaudent à partir d'idées déjà présentes à la conscience avant l'endormissement, ou qu'ils nous présentent des thèmes enfouis dans l'inconscient, le résultat est le même : l'inspiration.

De toutes les histoires d'inspiration, celle de Robert Louis Stevenson, écrivain écossais du XIXe siècle qui a prétendu que la moitié de son œuvre « avait été écrite pour lui… dans son sommeil », est l'une des plus connues. Stevenson voulait écrire un roman explorant l'idée selon laquelle nous avons tous de bons et de

Clef d'un songe

Avant de vous endormir, passez quelques minutes au lit à examiner la reproduction d'une peinture – exécutée avec beaucoup de minutie (un Vermeer, par exemple), ou dans un style plus suggestif (à la manière de Rembrandt, peut-être). Imaginez ce qui est à l'extérieur du cadre, derrière les murs, ou plongé dans l'ombre. Le lendemain matin, voyez si vos rêves comportaient des éléments que vous aviez observés dans la reproduction.

mauvais côtés. Après deux journées « à se torturer les méninges à la recherche d'une intrigue », l'histoire de *Dr Jekyll et M. Hyde* lui apparut pendant la nuit : « J'ai rêvé la scène à la fenêtre, et une autre... au cours de laquelle Hyde, poursuivi, prend la poudre et subit la transformation. » Le romancier Graham Green découvrit lui aussi qu'il pouvait utiliser ses rêves pour stimuler son imagination, et déclara : « Je pense que tous les écrivains ont trouvé le même secours dans l'inconscient ». L'idée du *Consul honoraire* lui vint dans un rêve, et un autre songe donna le chaînon manquant du récit de *La Saison des pluies*. Pour ce dernier, il rêva qu'il était l'un de ses personnages qui trouvait un moyen de le sortir de l'impasse.

L'inspiration que nous tirons des rêves *peut nous aider à accomplir une tâche créative. Explorez vos idées, puis tentez de les évaluer et de les organiser jusqu'à ce qu'elles forment un tout cohérent.*

Beethoven et Wagner sont deux des compositeurs qui ont reconnu devoir beaucoup à leurs rêves. Plus récemment, un songe a fourni à Paul McCartney la mélodie de *Yesterday*, grand succès des Beatles : « Un jour, à mon réveil... j'avais cet air dans la tête. Je me suis assis devant le piano, encore endormi, et j'en ai retrouvé les accords. Et je me suis dit : je ne peux pas l'avoir entendu dans mon rêve. Ce n'est pas possible ! »

Dans les œuvres d'art reconnues, notamment en peinture et en littérature, c'est la touche surprenante, aux antipodes du cliché, qui attire l'amateur ou le lecteur. Le surréalisme, qui rejette délibérément toutes les considérations terre à terre, est l'exemple type de cette approche. Cependant, même dans les mouvements plus réalistes, c'est l'inattendu qui provoque le frisson. Les rêves peuvent non seulement constituer une importante source d'inspiration, mais ils sont aussi des « exercices d'assouplissement » qui aident l'imagination à se libérer de son carcan et à devenir plus réceptive aux humeurs et aux événements originaux.

Remédiez à un problème par le sommeil

Clef d'un songe

Dessinez ou peignez une image avant de vous endormir, et évitez délibérément d'en achever la représentation. Demandez à vos rêves de fournir les détails manquants. S'ils n'apparaissent pas dans vos rêves, il se peut qu'ils surgissent dans votre esprit lorsque, le lendemain matin, vous regarderez l'image inachevée.

Lorsque nous dormons, notre esprit continue à travailler, à traiter des informations, à engranger des souvenirs, et parvient parfois à démêler les écheveaux les plus complexes de nos problèmes intellectuels, émotionnels ou moraux. Affranchi des conventions de la conscience, l'inconscient est libre d'adopter une approche originale susceptible de lever les obstacles avec lesquels nous nous torturions les méninges.

Nous avons tous passé des heures d'affilée à réfléchir à un problème apparemment insoluble pour nous réveiller avec la réponse. Pendant la nuit, notre esprit endormi a étudié la question, l'a analysée et a fait surgir la solution à la conscience. Si vous souhaitez faire l'expérience de ce processus à un niveau superficiel, demandez à un ami de vous poser une devinette ou de vous faire déchiffrer un anagramme. Si vous ne parvenez pas à trouver la solution à l'état de veille, interrogez votre inconscient.

Pour demander de l'aide à votre inconscient, pensez au problème avant de vous endormir, persuadez-vous que *vous* n'avez pas besoin de vous en inquiéter pendant la nuit : peut-être votre inconscient vous donnera-t-il la réponse à votre réveil, soit de façon explicite, soit dans les méandres d'un rêve. Au réveil, vous aurez peut-être la chance de constater que vous « connaissez » la réponse. Si tel n'est pas le cas, recherchez-la dans vos rêves où elle pourrait apparaître de façon symbolique ou sous forme d'un jeu de mot visuel ou verbal qui devra être interprété. Vous pouvez même suggérer un symbolisme à votre esprit endormi, comme dans l'exercice ci-contre.

Visualisez un problème

EXERCICE 10

Cet exercice utilise des objets qui symbolisent les aspects d'un problème et laissent l'inconscient libre d'explorer toutes les voies susceptibles d'apporter la solution.

1 Pensez au problème qui vous préoccupe et choisissez des objets symbolisant tous les éléments du problème. S'il concerne des collègues de travail, par exemple, une grande bouteille peut figurer un patron suffisant et autoritaire, un lion en plastique un allié courageux, une calculatrice un comptable.

Si vous avez un jeu d'échecs, essayez d'utiliser l'échiquier et les pièces pour représenter le problème. S'il s'agit d'un problème familial, vous pouvez utiliser le roi et la reine pour symboliser le père et la mère, les pions pour les enfants, la tour pour leur école, les fous pour les professeurs, et les cavaliers pour les amis fidèles.

2 Disposez les éléments de sorte qu'ils représentent le problème en suspens : en groupes de pression qui s'excluent mutuellement, dispersés au gré des contingences administratives, ou couchés afin d'évoquer leur impuissance.

3 Observez l'agencement et formez le vœu de rêver au problème pendant la nuit. La solution peut surgir sous différentes formes : elle peut se présenter à vous par l'intermédiaire des personnes concernées, des symboles que vous avez sélectionnés, ou de bien d'autres façons.

4 Si cela s'avère nécessaire, répétez l'exercice plusieurs soirs de suite pour donner à votre inconscient le temps de s'imprégner du problème.

Fixez un rendez-vous en rêve

L'une des meilleures façons de tester votre aptitude à maîtriser vos rêves consiste à organiser une rencontre avec quelqu'un qui partagera le même rêve. Bien que ce projet semble extrêmement difficile à réaliser, des personnes très unies peuvent faire des rêves tout à fait comparables. Cela s'explique par le fait qu'elles partagent beaucoup de choses à l'état éveillé qui nourrissent leurs inconscients d'éléments similaires. Il arrive également que le contenu du rêve ainsi partagé soit inattendu et que les ressemblances n'apparaissent qu'au terme d'une comparaison de détails particuliers.

Certaines sociétés mystiques occidentales, ou communautés spirituelles orientales, encouragent leurs membres à partager leurs rêves, comme un moyen d'accéder à leur véritable nature. Bien que le corps de nos rêves erre habituellement sans objet dans l'univers de nos songes, il peut stimuler le processus. Pour éviter que ce corps ne déambule sans but précis, il faut lui confier une mission spécifique, telle que la rencontre d'un ami.

Un jour, Oliver Fox, chercheur et écrivain anglais, décida avec deux amis d'une rencontre – en rêve – dans un jardin proche de chez lui. Pendant la nuit, Fox rêva qu'il rencontrait l'un mais que l'autre n'était pas au rendez-vous. Le lendemain, l'ami présent dans le rêve raconta un rêve similaire, alors que l'autre ne se souvenait pas d'avoir rêvé.

Persistez dans le partage du rêve, même si vous n'y réussissez pas immédiatement. Lorsque l'expérience est couronnée de succès, il est intéressant de discuter, avec votre ami, des différences ou des points communs.

Clef d'un songe

Si vous visitez un endroit particulièrement beau ou impressionnant avec un ami, formez le vœu de vous y rencontrer de nouveau, dans vos rêves. Cette expérience a toutes les chances de porter ses fruits si vous avez le temps de vous immerger complètement dans l'histoire ou l'atmosphère de ce lieu.

Rencontre en rêve

EXERCICE 11

Travaillez avec un partenaire qui a envie de partager cette expérience et dont l'esprit est suffisamment ouvert pour croire à son succès. Les personnes unies par des liens étroits parviennent plus facilement à se rencontrer que de simples connaissances.

1 Asseyez-vous ou allongez-vous confortablement avec votre partenaire. Décidez ensemble d'un lieu de rencontre qui a des connotations émotionnelles raisonnablement agréables pour chacun de vous. Passez quelques minutes à vous « mettre en phase », en évoquant le lieu sélectionné, en abordant vos souvenirs communs et en appréciant de partager une harmonie.

2 Lorsque vous êtes dans la bonne disposition, visualisez avec votre partenaire l'endroit que vous voulez visiter. Décrivez-vous la scène. En écoutant, laissez votre imagination s'imprégner du lieu de rencontre. Ajoutez des détails et partagez avec l'autre ce que vous voyez.

3 Au terme de quelques séances de ce type, décidez de la nuit et de l'heure de la rencontre, soyez convaincu que vous la ferez. Imaginez la rencontre de façon aussi précise que possible, et remémorez-vous-la intérieurement autant de fois que vous le pouvez, en particulier avant de vous endormir.

4 Le lendemain matin, veillez à vous raconter l'un à l'autre vos rêves dès que possible. Comparez-les et recherchez les correspondances.

5 Soyez patient, et n'hésitez pas à renouveler l'expérience plusieurs fois. Défaitisme et scepticisme sont les obstacles majeurs au succès.

Rêvez en restant lucide

Qu'importe l'étrangeté ou la bizarrerie de nos aventures oniriques car, au moment même, nous réalisons rarement que ce sont des rêves. Pour l'esprit endormi le monde des rêves est aussi réel que l'autre. Il existe, par ailleurs, des méthodes qui permettent de rêver tout en restant parfaitement conscient. Il est même possible, dans certains cas assez rares, de rester conscient dans un sommeil sans rêves, expérience qui s'apparente à un degré de méditation profond.

En 1913, le chercheur néerlandais Frederick Van Eeden, rêveur lucide prolifique, appelle « rêve lucide » celui dans le cadre duquel nous restons parfaitement conscients. Si nous apprenons comment reconnaître que nous rêvons, nous pouvons maîtriser nos rêves, créer l'environnement de notre choix et, dans certains cas, « visiter » des lieux effectifs pour nous y acquitter d'une mission convenue.

Les bouddhistes tibétains enseignent que le rêve lucide est une pratique qui permet de se préparer à la maîtrise de notre vie dans l'au-delà, où l'environnement serait comparable au monde des rêves. Ainsi, il serait possible de se libérer du cycle illusoire de la vie et de la mort. Ils ont la conviction intime que le principal objectif des rêves est de nous donner, chaque nuit, l'occasion de parvenir à cette maîtrise.

Le psychologue américain Charles Tart nous suggère d'utiliser le sentiment de liberté du rêve lucide pour rechercher ou créer un homme, ou une femme, d'une grande sagesse, susceptible de nous donner des conseils sur notre développement psychologique ou spirituel. Cette création peut être l'incarnation de notre propre sagesse inconsciente, mais elle doit être porteuse d'informations d'une authenticité et d'une profondeur inaccessibles à la

Clef d'un songe

En rêvant, tentez d'analyser minutieusement les objets que vous rencontrez et les événements que vous vivez. À votre réveil, consignez soigneusement tous les détails de vos rêves. Cette procédure, lorsqu'elle est bien maîtrisée, peut vous aider à développer votre aptitude au rêve lucide.

conscience. Les thérapeutes occidentaux affirment depuis longtemps que le rêve lucide est une étape essentielle au développement intérieur. L'aptitude à maîtriser le contenu d'un rêve, nécessaire à l'exploration de la véritable nature de la conscience, constitue également une excellente discipline mentale qui renforce notre perception d'un aspect de nous-mêmes qui échappe encore aux sciences modernes. De plus, le rêve lucide est une des phases incontournables pour permettre à la conscience de quitter le corps dans les expériences de « sortie du corps ». Dans un rêve lucide, la conscience peut se déplacer à son gré dans des lieux de l'astral, univers créés par la pensée et l'imagination. En revanche, dans le cadre des expériences de sortie du corps, la conscience demeure au plan terrestre en contact avec la réalité physique, incluant le plus souvent l'enveloppe corporelle de son propriétaire. Entre ces expériences et le rêve lucide le partage est souvent difficile.

Les possibilités offertes par un choix
– à l'intersection de plusieurs routes, par exemple – constituent l'un des aspects les plus enthousiasmants du rêve lucide. Le rêveur est non seulement conscient de son aptitude à modeler le rêve, mais sa sensibilité lui apparaît comme décuplée.

L'expérience du rêve lucide

L'expérience du rêve lucide est inoubliable et à nulle autre pareille. Tout en restant endormi, le rêveur accède à une conscience proche de celle de l'état éveillé et a connaissance brutalement de son aptitude à façonner son rêve. Le songe se saisit de la puissance du quotidien : la sensibilité est exacerbée, les couleurs sont plus vives et les émotions plus intenses.

Cependant, la maîtrise totale du rêve reste impossible. Les événements du rêve continuent à relever du domaine réservé de l'inconscient, et demeurent, par conséquent, imprévisibles. Dans le cadre d'une expérience de rêve lucide, le rêveur peut décider de se rendre dans une île tropicale, mais le paysage et ce qui s'y passera auront leurs vies propres.

Un phénomène relativement proche du rêve lucide est celui du «faux réveil» au cours duquel le rêveur justifie son retour à la conscience en se forgeant l'impression qu'il est réveillé, qu'il se brosse les dents, qu'il s'habille et qu'il prend son petit déjeuner. Lorsqu'il se réveille réellement, le rêveur a du mal à croire que son expérience était, en fait, irréelle, et il est surpris d'être encore dans son lit.

Le rêve lucide et le faux réveil indiquent qu'il est tout à fait possible, en rêvant, de conserver un degré de conscience important.

Cependant, le rêve lucide a pour caractéristique d'être une sorte de rencontre totale entre les niveaux conscient et inconscient de l'esprit. Nous pouvons, en rêve, former consciemment une intention, décider de visiter un lieu ou une personne, d'ouvrir une porte ou de mener une action particulière, mais l'issue relèvera toujours de l'inconscient.

Clef d'un songe

Jetez un regard nouveau sur la nature et contemplez-la avec les yeux d'un enfant. Laissez-vous séduire par l'envol d'un oiseau, admirez le scintillement des écailles d'un poisson. Surveillez dans vos rêves la mise en valeur du contenu visuel.

Sur les toits

Étude de cas numéro 2

Le rêveur est un jeune étudiant qui tente l'expérience du rêve lucide depuis déjà quelque temps. Il ne s'agit pas de son premier rêve lucide.

« Une nuit, j'ai rêvé d'une petite ville, avec ses maisons en pierre de taille et ses vitrines à l'ancienne. Je me déplaçais sur une vieille bicyclette dont les pneus étaient à plat. Je me suis demandé : « Pourquoi ne suis-je donc pas dans ma voiture? » Puis je pris brutalement conscience « je rêvais ». L'effet fut saisissant. Tout prit une vigueur extraordinaire, comme si, auparavant, le rêve était en noir et blanc. J'étais enchanté et je décidai de voler. Alors que je ne m'y attendais absolument pas, je fus soulevé dans les airs, puis allongé sur le dos. Au niveau des toits, j'aperçus une cheminée et je m'y accrochai. Dans la rue, les gens regardaient en l'air, intrigués, comme s'ils avaient le sentiment que quelque chose d'étrange se passait, mais ils ne pouvaient pas me voir. Puis, le rêve perdit de son acuité et se transforma : je me perdais dans le chantier d'un immeuble en construction. Ce fut une expérience inoubliable. »

Ce rêve comporte nombre des caractéristiques du rêve lucide. Le rêveur reconnaît une anomalie (la bicyclette), grâce à laquelle il prend conscience qu'il est en train de rêver. Aussitôt l'atmosphère change du tout au tout. Il contrôle le songe et décide de voler, mais le rêve reste maître de la manière. Les passants, dans le rêve, semblent conscients d'un phénomène étrange, mais ne voient pas le rêveur qui visiterait une ville réelle dans un corps appartenant au monde des rêves. Le rêve perd sa lucidité. Il est pratiquement aussi difficile de la conserver que d'y accéder.

Aiguisez votre conscience

Clef d'un songe

Choisissez une activité familière : nager, marcher ou lire, par exemple, puis consultez votre journal pour vérifier si, dans vos rêves, vous faites la même chose. Essayez de vous persuader que la prochaine fois que vous nagerez dans un rêve, vous aurez le pouvoir de le faire où bon vous semble.

Certaines personnes sont naturellement des rêveurs lucides ; d'autres ne font que rarement – ou même jamais – cette expérience exceptionnelle. On peut atteindre cet objectif par le biais de la méditation, mais d'autres techniques – accessibles à tous – peuvent nous aider à augmenter nos chances de l'expérimenter.

L'une des plus importantes est le développement de l'acuité de la conscience lorsque nous rêvons. Pour œuvrer dans ce sens, il est indispensable de s'entraîner à identifier à quel moment le songe contrevient aux lois de l'état éveillé, et de faire en sorte que ce processus d'identification déclenche la prise de conscience du rêve. La première étape a pour objet de nous apprendre à devenir plus attentifs au monde qui nous entoure à l'état éveillé.

Durant une bonne partie de la journée, nous nous concentrons, non pas sur ce que nous voyons ou entendons, mais sur nos propres pensées. Pour inverser cette tendance, passons quelques minutes par jour à commenter silencieusement ce que nous sommes en train de faire.

Une autre méthode de développement de l'aptitude au rêve lucide consiste, pendant la journée, à s'interroger : « Comment est-ce que je sais que ceci n'est pas un rêve ? » Soyez, dans vos réponses, aussi précis que possible pour informer la conscience de la différence de qualité, des sensations ou des émotions entre la veille et le sommeil. Quand vous vous souvenez de vos rêves ou que vous consultez le journal de vos rêves, posez-vous la question : « Pourquoi n'ai-je pas reconnu que c'était un rêve ? » Décidez qu'à l'apparition d'expériences similaires vous réaliserez quel est votre véritable état de conscience.

Peignez un arbre imaginaire

EXERCICE 12

En vous livrant, aux frontières du sommeil, à cet exercice de visualisation, vous pourrez développer votre aptitude au rêve lucide. Cette méthode, qui repose sur une technique de méditation orientale, a été conçue pour stimuler et alimenter notre imagination créatrice.

1 Imaginez que vous êtes un artiste en train de peindre un arbre, superbe et isolé dans une vaste étendue. Vous l'examinez en détails, puis vous représentez la forme des branches et, tout autour, la masse impressionnante du feuillage.

2 Regardez la toile et contemplez votre œuvre. Vous êtes relativement satisfait, mais le résultat est loin d'être parfait : certaines des branches sont mal dessinées, et vous n'êtes pas arrivé à saisir la lumière à travers le feuillage.

3 Levez-vous et marchez autour de l'arbre pour le contempler sous tous les angles. Observez ses grosses racines noueuses, les fissures dans l'écorce, le trou dans lequel un oiseau a élu domicile.

4 Élevez-vous sans effort dans les airs et regardez l'arbre depuis le ciel, comme si vous étiez cet oiseau. Examinez les minuscules insectes qui peuplent les ramures au faîte de l'arbre.

5 Revenez devant la toile et modifiez la peinture de sorte qu'elle ressemble parfaitement à votre nouvelle vision. De la même façon que vous pouvez agir sur l'œuvre par la force de votre volonté, vous pouvez modifier le paysage. Décidez de faire pousser plusieurs arbres, et observez leur surgissement, comme par magie.

Programmez votre inconscient

En exerçant régulièrement, pendant la journée, des suggestions sur soi-même, processus appelé « autosuggestion », il devient possible de programmer l'inconscient. Charles Tart recommande d'utiliser la phrase : « Cette nuit, je saurai que je suis en train de rêver, et je me réveillerai dans le monde des rêves. » Formez ce vœu plusieurs fois avant de vous endormir.

***Rechercher un miroir** dans vos rêves et tenter d'y observer votre propre image peut faciliter l'apparition d'un rêve lucide. Cependant, pour atteindre votre objectif, il sera probablement nécessaire d'utiliser cet artifice à de multiples reprises.*

Vous pouvez également vous imaginer de retour dans l'un de vos rêves récents, en ayant conscience, cette fois, que vous rêvez. Si un objet ou un événement revient fréquemment dans vos rêves – une maison ou un carnaval, par exemple – utilisez-le comme signal : dites à votre conscience que la prochaine fois qu'il apparaîtra dans vos rêves, vous saurez que vous rêvez. Vous pouvez également sélectionner une activité à laquelle vous vous livrez régulièrement dans vos rêves – conduire une voiture ou construire un mur, par exemple. Quel que soit l'objet, l'événement ou l'activité que vous choisissez, visualisez-le aussi souvent que possible pendant la journée.

Une autre méthode consiste à créer la clef d'un rêve lucide. Demandez à votre double de rêve de trouver un miroir et regardez-le. Promettez-vous que vous saurez que vous rêvez dès que vous vous y apercevrez. Cette technique est efficace parce qu'inhabituelle : il est assez rare de rêver que l'on se voit dans un miroir. Si vous rêvez d'eau assez fréquemment, efforcez-vous de rechercher votre reflet à la surface. Pour développer notre aptitude à réaliser que nous rêvons, nous pouvons également nous livrer à un exercice reposant sur la croyance orientale selon laquelle les visions et les rêves sont perçus par le troisième œil, situé au milieu du front.

Le troisième œil

EXERCICE 13

En créant un équivalent éveillé d'un rêve lucide, cet exercice peut aider à stimuler votre lucidité durant votre sommeil.

1 Fermez les yeux et focalisez votre attention sur l'espace situé derrière vos paupières. Créez là un triangle, vos yeux à la base, au-dessus un point, situé entre eux, représente le sommet.

2 Concentrez-vous sur le sommet du triangle dont vous ressentez, à présent, qu'il s'agit du troisième œil. Faites apparaître devant cet œil la vision d'une porte.

3 Contemplez la scène sur laquelle s'ouvre la porte. Pénétrez dans cet univers tout en gardant présent à l'esprit que vous pouvez revenir quand vous le souhaitez. Explorez ce qui s'offre à vous ; peut-être s'agit-il d'un paysage, d'une ville ou d'une forêt.

4 Au terme de l'exercice, sortez par la porte, retournez-vous et regardez-la se refermer et disparaître. Recréez le triangle avec lequel vous avez commencé l'exercice et, au lieu de vous focaliser sur le troisième œil au sommet, reportez votre attention sur vos deux yeux. Vous êtes de retour dans la réalité.
Ouvrez les yeux et retrouvez votre environnement habituel.

5 Avant de vous endormir, répétez l'exercice. La porte est devant vous, regardez-la s'entrebâiller, puis rester entrouverte.
Imposez à votre esprit d'ouvrir la porte en grand et entrez lucidement dans le monde des rêves.

Soyez un rêveur sérieux

Les traditions chamaniques ont leur propre forme, très prisée, de rêves lucides qui donnent l'occasion aux chamanes de visiter le monde de l'esprit, d'y rencontrer les ancêtres tribaux, d'y apprendre des chants invoquant la puissance et d'y trouver un compagnon qui guidera le rêveur dans la vie éveillée. Il est fréquent que le chamane sacrifie à de longues périodes de solitude et de méditation profonde nécessaires au développement de ses dispositions. Un chamane mexicain a notamment déclaré : « Pour apprendre à voir, pour apprendre à entendre... il est indispensable de se rendre seul dans des régions désertiques... ces choses-là ne peuvent être acquises que dans la solitude. »

Les Occidentaux, qui sont moins patients et plus facilement séduits par le pouvoir de la technologie, se servent parfois de « machines à rêves » qui surveillent les premières étapes du sommeil paradoxal. Ces machines utilisent de faibles impulsions électriques pour indiquer aux dormeurs, sans les réveiller, qu'ils sont en train de rêver. La théorie sous-jacente est que le rêveur continuera à rêver, mais ce sera un rêve lucide. Les résultats obtenus sont variables. Certains constatent que même avec peu d'entraînement elles fonctionnent bien, mais la question est de savoir si les « machines à rêves » sont en mesure de provoquer des rêves lucides de la qualité de ceux stimulés par le bon exercice de la méditation. Il est probable qu'elles peuvent créer les conditions nécessaires à l'« illumination intérieure », mais elles n'ont nullement les moyens d'apporter un contenu. Il est fondamental d'être patient. L'exercice ci-contre permet d'étendre la conscience éveillée à nos heures de sommeil.

Sur l'autoroute du rêve

EXERCICE 14

Nous avons vu, précédemment, comment effacer la ligne qui sépare l'état éveillé du royaume des rêves. À présent, explorons comment utiliser notre conscience dans chacun de ces univers.

1 Avant de vous endormir, allongé sur votre lit, imaginez que vous êtes sur un pont au-dessus d'une route très fréquentée. Observez la circulation et suivez des yeux plusieurs véhicules.

2 Une voiture ralentit en s'approchant du pont. Lorsqu'elle arrive à votre niveau, vous découvrez, soudain, que vous occupez la place du conducteur et que vous contemplez le paysage qui défile. La route qui est devant vous est la distance qui sépare l'état éveillé de celui du sommeil.

3 Restez vigilant. Remarquez les visions, les sons et les odeurs qui s'offrent à vous dans le paysage qui vous entoure. Laissez le véhicule vous conduire en direction d'un sommeil conscient.

4 À votre réveil, le lendemain matin, essayez de vous souvenir de tous les détails possibles de votre voyage. Décidez d'emprunter la même voie la nuit suivante, mais demeurez conscient jusqu'au point atteint la veille.

5 En répétant l'exercice tous les soirs, vous découvrirez que vous pouvez rester conscient – sans être éveillé – de plus en plus longtemps pendant vos heures de sommeil et faire, ainsi, l'expérience des rêves lucides sans difficulté .

Pour parvenir à rester parfaitement conscient pendant nos rêves, il est indispensable d'assimiler une perception plus large de la réalité, et de se convaincre que le monde réel et celui des rêves sont peu différents. Un chamane inuit a déclaré à Knud Rasmussen, explorateur de l'océan Arctique : « Accéder à la sagesse n'est possible que dans la grande solitude... La privation et la souffrance sont les seuls moyens dont disposent les hommes pour s'ouvrir aux éléments cachés aux autres. » Un autre a ajouté : « J'ai cherché dans l'obscurité, totalement silencieux dans la solitude immobile de la pénombre. C'est ainsi que je suis devenu [chamane], par l'intermédiaire de mes visions, de mes rêves et de mes rencontres avec les esprits. » Il est clair que nous avons beaucoup à apprendre d'une telle philosophie. Le chamane, ainsi que le bouddhiste tibétain, associe fréquemment les transes et les rêves lucides à la mort et à la vie dans l'au-delà. Généralement, il est mis à l'épreuve de tourments dans le monde des rêves avant de renaître dans le monde réel doté de pouvoirs magiques. Ce processus symbolise le démantèlement de l'*ego* dominateur et la re-naissance de la personne qui endura ces tourments sous la forme d'un individu libéré ou éclairé.

S'isoler du tohu-bohu de la société *peut aider les rêveurs à acquérir un sens du détachement et à intensifier l'expérience de leurs rêves.*

Nombre d'écoles de pensée contemporaines mettent l'accent sur ce bannissement de l'*ego*, mais rejettent la conviction chamanique selon laquelle il est nécessaire de souffrir pour atteindre cet objectif. En nous libérant des contraintes que nous imposent nos tendances égocentriques, nous franchissons une étape importante sur la voie de l'illumination personnelle. L'exercice ci-contre nous donne un moyen simple de nous affranchir de l'emprise de l'*ego*, tout en stimulant notre aptitude à maîtriser notre conscience.

Faites mentalement votre autoportrait

EXERCICE 15

Ceci est l'adaptation moderne d'une technique traditionnelle qui consiste à transférer la conscience. L'exercice a pour objet de renforcer le contrôle de notre imagination et d'encourager le rêve lucide.

1 Imaginez que vous êtes un photographe, sur une colline, et que vous êtes sur le point de photographier la vallée en face de vous. Installez votre trépied, puis vérifiez le cadrage et la mise au point à travers le viseur.
Préparez-vous à ôter l'obturateur et observez la scène alors qu'une personne entre dans le champ de vision, s'appuie contre un portail ou une clôture et vous regarde.

2 Cette personne a quelque chose de familier. Vous découvrez avec surprise qu'il s'agit de vous en train de regarder le photographe qui prend la photo du haut de la colline.

3 Vous avez le sentiment que le photographe vous est familier : c'est vous-même. Instantanément, vous vous retrouvez de l'autre côté de l'appareil et vous vous préparez à photographier le paysage au premier plan duquel une personne vous observe, nonchalamment appuyée contre un portail ou une clôture.

4 Laissez l'échange des rôles se produire plusieurs fois. Enfin, devenez le photographe, et observez la personne en face de vous se retourner, s'en aller et disparaître. Prenez une photo du paysage vide, et assurez-vous que votre conscience est à nouveau ancrée en vous.

L'art de l'interprétation

« Lorsque nous les déchiffrons correctement, les images [oniriques] nous renvoient à nous-mêmes, et non pas à l'idée que nous nous faisons de nous-mêmes. Elles nous parlent de l'influence véritable que nous exerçons sur les autres, et non pas de l'influence que nous souhaiterions exercer. »

Montague Ullman

Les rêves s'apparentent à des conversations engagées entre les niveaux inconscient et conscient de notre esprit qui, chacun, utilise un langage légèrement différent. Bien que nous puissions penser, lorsque nous sommes éveillés, que nous comprenons ce que l'inconscient exprime dans nos rêves, nous pouvons nous fourvoyer totalement quant à leur véritable signification. Pour en saisir le sens profond, nous devons apprendre à les interpréter, une tâche qui à de nombreux égards est plus proche d'un art que d'une science.

Bien que le langage des rêves soit, dans une certaine mesure, important pour nous tous, nos idiosyncrasies limitent l'intérêt des dictionnaires des rêves qui attribuent des significations spécifiques ou générales aux expériences de nos songes. Les rêves provoqués par l'inconscient (issus du niveau 2) ont particulièrement tendance à utiliser des images et des associations issues du vécu et du monde intérieur.

Pour que l'interprétation des rêves soit couronnée de succès, il est nécessaire d'acquérir quelques techniques simples. L'étude de nos rêves doit nous permettre de démêler l'écheveau des messages personnels qu'ils recèlent. Certains peuvent nous faire des suggestions quant à leur signification, mais nous seuls pouvons explorer notre univers intérieur, et nous seuls avons autorité pour interpréter les informations que notre inconscient tente de transmettre.

Déchiffrez le langage des rêves

Les rêves utilisent un langage symbolique et visuel dans le cadre duquel les apparences sont souvent trompeuses. Deux grandes écoles de psychiatrie proposent des explications différentes de ce phénomène. Sigmund Freud (1856-1939), fondateur de la psychanalyse, pensait que les rêves utilisaient des systèmes symboliques élaborés dont la fonction était de nous protéger. La signification sous-jacente d'un rêve, suggérait-il, est souvent tellement dérangeante qu'elle nous tirerait du sommeil et nous plongerait dans l'angoisse si elle nous était présentée sans détours. Cependant, selon Carl Jung (1875-1961), les symboles constituent le langage originel de l'inconscient, un moyen de communication pré-linguistique qui recèle des vérités dont le potentiel est tellement mystique et profond qu'elles ne peuvent être comprises qu'en termes de métaphore et d'allégorie.

L'étrangeté *et l'incohérence apparente des rêves sont plus faciles à percer si l'on cherche à comprendre comment fonctionne l'appareil psychique du rêveur.*

Interpréter les rêves est plus aisé si on a l'esprit ouvert. Jouez librement avec les symboles qui se présentent à vous, veillez à ce que votre esprit soit détendu et réceptif.

Il existe deux méthodes principales d'interprétation. Freud préconisait la *libre association*, qui a pour objet de permettre à chacun des aspects du rêve de stimuler une chaîne d'associations créée sans discrimination. Parfois celles-ci finissent par conduire à une soudaine prise de conscience, reconnue par le rêveur comme le sens caché essentiel.

Jung considérait que la libre association avait tendance à éloigner le rêveur du rêve proprement dit et à le détourner de sa signification intrinsèque. Sa méthode, l'*association directe*, est légèrement différente : au lieu de laisser libre cours à

son esprit, le rêveur revient à l'image du rêve après chaque association. La meilleure façon d'illustrer la différence entre les associations libre et directe consiste à prendre une image d'un rêve et de la mettre à l'épreuve des deux méthodes. Supposons que vous avez rêvé d'une volée d'escaliers. Avec la libre association, vous laissez l'image ne vous inspirer que la *première* association. Vous exprimez vos pensées à haute voix. L'image suivante doit être le fruit de la précédente dans la chaîne associative. Cette méthode peut produire les images suivantes :

« escaliers – ascension – montée – haut – chute – noyade – air – expirer – soulagement – sécheresse – désert – recherche – découverte – surprise – mystère – bracelet en or »

Le bracelet en or vous rappelle soudain une fête de Noël, il y a de nombreuses années, au cours de laquelle votre père a offert un superbe bijou à votre mère. Vous revoyez ses yeux embués par la joie, et un immense sentiment de tristesse vous envahit lorsque le rêve vous révèle la perte de la chaleur et de la paix qui caractérisaient cette période.

Avec l'association directe, en revanche, vous écrivez le mot « escaliers » au milieu d'une feuille de papier et vous notez les associations en décrivant un cercle autour du mot central. Veillez à revenir au mot situé au centre de la page après chaque association. Vous obtiendrez, peut-être, un résultat comparable à celui-ci :

montée *descente* *pierre* *promotion*

péril — *escaliers* — *échelle*

spirale *tomber* *dangereux* *paradis*

Cette méthode s'est traduite par un ensemble de conclusions fort différent, qui peut indiquer que le rêve révèle une forte insécurité liée, peut-être, à la vie professionnelle.

Les symboles

Les objets qui représentent autre chose qu'eux-mêmes sont soit des signes soit des symboles. Les signes (par exemple, les feux tricolores ou les logos des entreprises) sont des inventions de l'esprit conscient, qui est toujours précis. Leurs sens et leurs portées sont, en général, artificiels et limités. Les symboles, en revanche, utilisent des métaphores, parfois complexes, et ont des connotations plus générales qu'exactes. Les jungiens considèrent que les symboles les plus puissants jaillissent de l'inconscient collectif, apparaissent spontanément à travers les cultures et les siècles, et ont la même signification sur les cinq continents : la croix, par exemple, est le symbole universel de l'union de Dieu avec l'humanité.

__L'oiseau, la feuille et le croissant__ sont des images profondément symboliques qui sont sujettes, comme la plupart des images de nature, à de multiples interprétations.

Les rêves, notamment ceux des niveaux 2 et 3, privilégient les symboles aux signes pour transmettre les messages en provenance de l'inconscient. Toutefois, même les symboles les plus universels peuvent être ramenés au niveau des signes lorsqu'ils sont constamment associés – au plan personnel ou culturel – à des significations autres. Par exemple, la svastika, symbole sacré pour les bouddhistes, les hindous et les jaïns, est le signe de l'impérialisme nazi pour la plupart des Occidentaux. Si une svastika apparaît au niveau relativement superficiel des rêves du niveau 1, il se peut qu'elle soit directement liée au IIIe Reich. Dans un rêve issu du niveau 3, une svastika peut représenter la régénération ou l'harmonie. Les premières et les plus évidentes des associations suggérées par l'image d'un rêve ne sont que rarement exactes. Il faut parfois du temps et de la persévérance pour atteindre les niveaux les plus profonds de la signification.

La lance et la blessure

Étude de cas numéro 3

Le rêveur est un jeune diplômé de l'enseignement supérieur désireux de développer sa vie spirituelle et de se rendre utile, mais il ne sait pas trop quelle voie emprunter.

« J'étais nu sur les flancs d'une colline, face à la mer, et sous un soleil éclatant qui caressait ma peau. Soudain, j'ai eu très mal et j'ai constaté qu'une lance me perçait le flanc. Une voix a dit : « Toi aussi tu as une blessure » et j'ai ressenti une joie intense, comme si je venais d'être béni. J'ai ouvert les bras pour embrasser et adorer le monde entier. Je me suis demandé si la lance signifiait que j'allais devenir guérisseur, mais la voix a dit : « C'est le monde qui soigne. » J'ai compris ce que cela voulait dire, mais lorsque je me suis réveillé la signification de cette phrase m'a échappé. »

La colline peut symboliser la réussite, la mer l'imagination créatrice, le soleil l'énergie divine et la nudité la pureté. La lance et la blessure, symboles sexuels pour certains, indiquent probablement que le rêveur est touché par une aspiration spirituelle. Le rêveur embrasse le monde, et celui-ci symbolise le caractère insaisissable de l'accomplissement spirituel. Cependant, il n'est encore que sur le flanc de la colline, et il lui reste du chemin à faire pour atteindre le sommet. Son égocentrisme le pousse à interpréter qu'il deviendra peut-être guérisseur. Mais le rêve le rappelle gentiment à l'ordre en lui signifiant que c'est le monde (la force vitale de l'univers) qui guérit, et non pas l'individu.

La logique des rêves

La logique des rêves est aussi différente de celle de la vie quotidienne que le sommeil l'est de l'état éveillé. La logique de notre vie quotidienne repose sur un ensemble de lois bien établies qui régissent la façon dont les choses fonctionnent. Elle est induite par le langage qui est le reflet d'une relation convenue et cohérente entre les phénomènes et les mots. Celle des rêves, en revanche, est le fruit d'une vision du monde qui serait celle d'enfants trop jeunes pour parler. Elle ne tient pas compte de la ligne de partage des réalités intérieure et extérieure. Elle ne repose sur aucune « loi » dans laquelle nous pourrions circonscrire notre expérience personnelle.

La logique, qui nous est familière, et ses relations de cause à effet, disparaissent dans les rêves. Elle est remplacée par un système intuitif et spontané de liens et de significations.

Freud a suggéré que nos rêves répondent, en fait, à une logique qui leur est propre. Il a considéré que les rêves obéissent à quatre types de logiques : *simultanéité* (objets et événements présentés ensemble dans le même rêve), *contiguïté* (objets et événements apparaissant en séquences), *transformation* (métamorphose d'une chose en une autre) et *similarité* (ressemblances ou associations entre les choses). La similarité, qui se révèle principalement par le biais d'associations directes ou indirectes, est sans aucun doute le plus important des quatre procédés.

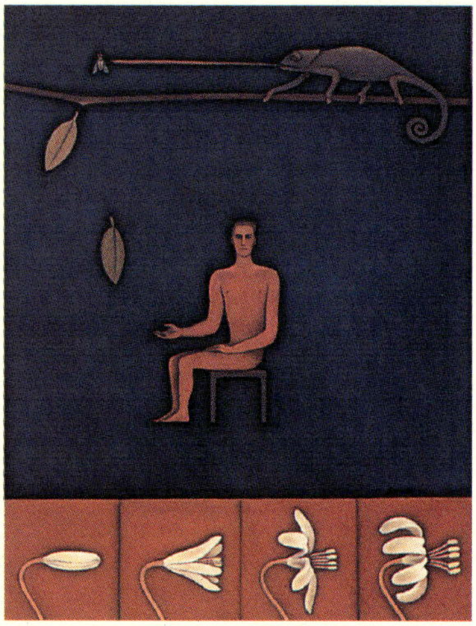

Un autre point essentiel, souligné par les chercheurs américains Calvin Hall et Vernon Nordby, est la *cohérence relative*. Il s'agit de la fréquence et de l'uniformité avec lesquelles les motifs des rêves font leur apparition. Vérifiez la cohérence relative de vos rêves en notant dans votre journal la régularité et l'apparence des contenus récurrents. Ensuite, essayez de percer leur signification et de relever les associations directes qu'ils évoquent.

La procession

Étude de cas numéro 4

Un homme d'affaires d'une quarantaine d'années, peu satisfait de sa carrière, a fait ce rêve qui semble explorer les divergences entre ses vies intérieure et extérieure.

« J'étais dans un tunnel sur lequel donnaient de nombreuses portes. J'ai vu un homme que je connaissais jadis, vêtu de noir. Je lui ai demandé de qui il portait le deuil et, curieusement, il a dit : « de moi-même ». Puis, je me suis retrouvé dans un ascenseur qui descendait, tellement bondé que je pouvais à peine tenir debout. Tout d'un coup, je suis arrivé dans une grande salle avec une hauteur sous plafond impressionnante. Plusieurs couples formaient une procession. Je pensais qu'ils se dirigeaient vers l'autel pour se marier, mais j'ai compris qu'ils attendaient le début d'une sorte de cérémonie initiatique. Les couples en tête de procession étaient des personnes, mais derrière, il y avait des petits animaux velus, debout, habillés et main dans la main. Alors, je me suis senti heureux. »

L'homme du passé représente l'idée du deuil et symbolise, peut-être, les regrets du rêveur quant à son passé et à sa carrière. L'association se fait ensuite par contiguïté : l'échec de sa vie professionnelle se referme sur lui comme un piège (l'ascenseur bondé qui descend). Puis, il y a transformation : l'ascenseur devient une grande salle, peuplée de couples rassemblés pour une cérémonie heureuse. Peut-être les êtres humains représentent-ils la vie consciente et rationnelle du rêveur, et les animaux, ses tendances plus naturelles, plus instinctives. Peut-être le rêveur est-il encore en mesure d'accéder à l'harmonie intérieure.

Paysages des rêves

Fascinants, somptueux ou terrifiants, parfois visualisés par fragments, les paysages constituent souvent les images les plus persistantes de nos rêves. Ils continuent à hanter notre mémoire bien après que les événements du rêve ont sombré dans l'oubli. La force et la qualité évocatrice de ces visions suggèrent qu'au-delà de la toile de fond qu'ils tissent derrière l'action du rêve, ils font partie intégrante des messages que nos songes tentent de transmettre.

Les montagnes *indiquent souvent de nobles aspirations. Le rêveur est attiré par une plénitude à laquelle il ne peut accéder. Les chemins qui gravissent une montagne ou les songes dans le cadre desquels un sommet est atteint, rassurent le rêveur et lui suggèrent qu'il a réalisé des progrès importants.*

La forêt *peut représenter l'inconscient collectif (voir page 27). Elle est comme saturée d'ambiguïtés. Elle est à la fois le sanctuaire et le siège des énergies originelles et des forces occultes.*

Les rivières et les vallées*, parfois considérées comme des symboles sexuels féminins, représentent, plus généralement, la fertilité, la paix et la sécurité.*

La mer *symbolise les eaux profondes de l'inconscient,* ***les orages****, des désirs violents, la passion ou la colère.*

Les villes et les cités *ont plusieurs significations, liées aux sentiments suscités chez le rêveur. S'égarer dans une cité surpeuplée représentent souvent la confusion chaotique de la vie moderne.*

Les carrefours *symbolisent souvent une décision à prendre. Ils peuvent aussi indiquer une réunion ou une séparation.*

Les temples*, et leurs sanctuaires, sont des lieux de retraite où le rêveur peut trouver la paix. Tout édifice dressé dans un paysage obscur peut représenter l'inconscient. Ses portes sont autant de passages à travers lesquels le rêveur accédera au plus profond de son être.*

Les personnages des rêves

Clef d'un songe

Si vous lisez un livre avant de vous endormir, pensez au personnage auquel vous vous identifiez. Dites-vous que si ce personnage apparaît dans un rêve, il en comprendra la signification. Si il vous a rendu visite, essayez à votre réveil de visualiser votre rêve de son point de vue : vous découvrirez peut-être des horizons insoupçonnés.

Il est impossible de prévoir quel sera, dans les rêves, le comportement des individus. Vos amis les plus proches pourront être distants, voire hostiles, et vous pourrez vous retrouver dans la plus grande intimité avec une personne qui vous est étrangère. Avant d'essayer d'interpréter quels rôles jouent les personnages que vous rencontrez dans vos rêves, consultez votre journal pour trouver des modèles. Rêvez-vous plus fréquemment à des personnes d'un même sexe, à des enfants, à des personnes âgées, à des amis ou à des inconnus ? Ont-ils tendance à vous aider, ou à vous faire peur ? Quels types de liens entretenez-vous avec eux ? Examinez ces modèles et essayez d'analyser le message général qui vous est transmis, en ce qui concerne les relations que vous avez avec les autres. Par exemple, demandez-vous comment vous *voyez* les gens dans vos rêves. S'il s'agit de personnes que vous connaissez, leur attitude est-elle identique à celle qu'elles ont lorsque vous êtes éveillé (ce qui tendrait à démontrer qu'elles vous inspirent de la confiance) ? Ont-elles tendance à vous révéler vos propres angoisses et à vous abandonner quand vous avez besoin d'elles ?

Pour procéder à cet examen, il est nécessaire d'évaluer à quel niveau vos rêves appartiennent. Dans ceux du niveau 1, les individus sont exactement identiques à ce qu'ils sont au quotidien. Il se peut, aussi, qu'ils représentent des aspects de vous-même, ce qui est souvent le cas dans les rêves du niveau 2. En revanche, dans les rêves du niveau 3, ils peuvent prendre la forme de figures de la sagesse. Les personnages présents dans les songes peuvent également incarner des angoisses comme la peur de vieillir ou de mourir, ou symboliser des comportements ou des réalisations auxquels aspire le rêveur. En dotant de qualités humaines des objets apparus dans un rêve, l'exercice ci-contre vous permettra de découvrir des facettes cachées de votre personnalité.

Un dialogue imaginaire

EXERCICE 16

Essayez d'attribuer une facette de votre propre personnalité aux contenus récurrents de vos rêves. Appliquez la méthode de la « chaise vide » pour permettre à ces thèmes d'engager une conversation.

1 Étudiez un rêve récent, cherchez-y des personnes, des objets ou des événements significatifs, et tentez de découvrir quelle facette de vous-même ils pourraient représenter. Par exemple, si vous avez rêvé d'une moto rapide, celle-ci peut suggérer qu'une partie de vous-même apprécie la vitesse, la puissance et le risque. Si vous avez rêvé d'un chat, peut-être représente-t-il la facette paresseuse et roublarde de votre personnalité.

2 Faites en sorte que deux de ces thèmes – ceux qui semblent les plus significatifs – engagent une conversation. Placez deux chaises l'une en face de l'autre. Asseyez-vous sur l'une d'elles, jouez le rôle de l'un des aspects du rêve et adressez-vous à l'autre, que vous imaginez sur la chaise vide. Gagnez la chaise vide pour répondre, puis revenez à la première et ainsi de suite. Cet exercice peut donner lieu à une conversation de ce type, engagée entre un bois et une route :

Le bois accusant la route : *Les passagers des voitures qui roulent sur votre chaussée ne s'arrêtent jamais sous mes arbres superbes pour pique-niquer. Ils ne font que passer à toute vitesse.* La route répond : *C'est parce qu'on s'ennuie chez vous. Ils veulent tous arriver au plus vite dans la grande ville, de l'autre côté.* Le bois : *Ce n'est pas vrai. Tout le monde aime les arbres et tout le monde a besoin de se reposer un peu.* La route : *La plupart des gens ignoreraient jusqu'à votre existence si je n'avais pas été percée à travers vous.*

Ce type de dialogue peut révéler que deux facettes de votre personnalité sont en conflit : l'une apprécie la tranquillité et la nature, l'autre la liberté et le progrès.

Introduction aux archétypes

Nous partageons tous de puissantes énergies psychiques reliées à des aspects de notre corps et de notre esprit tels que la fertilité, la naissance, la mort, le sacrifice, l'amour, la transformation, la résurrection et le courage. Ces énergies fondamentales qui motivent, guident et informent les hommes sont des archétypes. Elles trouvent leur origine dans l'inconscient collectif.

Etant donné que les archétypes sont des énergies abstraites, nous ne pouvons les visualiser directement. Elles parviennent donc jusqu'à nos consciences dans nos rêves, en prenant la forme, symbolique, de dieux, de héros et de personnages présents dans la mythologie de tous les peuples et de toutes les cultures. Il existe également des récits archétypiques : le triomphe épique sur de formidables défis (par exemple, les travaux d'Hercule) ; ou la poursuite de l'illumination (la recherche d'un trésor ou du Saint-Graal).

Les animaux mythiques, *comme les dragons et autres licornes, peuvent représenter des symboles archétypiques de l'énergie créatrice.*

Les énergies archétypiques ne prennent pas nécessairement des formes humaines : les quatre éléments (la terre, l'eau, le feu et l'air), par exemple, représentent les forces naturelles qui façonnent et alimentent nos vies. Les créatures mythiques des profondeurs, comme les sirènes, peuvent symboliser l'inconscient collectif. Les animaux dotés de qualités particulières, comme le chien (loyauté) et le faucon (clairvoyance), peuvent eux aussi être des symboles archétypiques. Certains dieux de l'Égypte ancienne ont, d'ailleurs, des têtes d'animaux.

Carl Jung a utilisé le thème archétypique de la descente dans les entrailles de la terre pour explorer son propre appareil psychique. L'exercice présenté ci-contre repose sur cette méthode.

Creusez dans l'inconscient

EXERCICE 17

Jung compare l'exploration de l'inconscient à une activité qui consiste à creuser profond. Nous pouvons utiliser cette imagerie pour stimuler des rêves à contenu archétypique.

1 Avant de vous endormir, préparez-vous psychologiquement à vous enfoncer dans la terre, comme si vous vouliez pénétrer au plus profond de votre inconscient. Imaginez que vous êtes convenablement équipé pour cette descente et que vous avez en votre possession tous les outils indispensables : pelle, cordes, torche électrique.

2 Donnez libre cours à votre imagination de façon à ce qu'elle plante tous les détails de votre voyage. Peut-être, alors, un escalier de pierre s'enfonçant progressivement dans l'obscurité surgira-t-il. Peut-être effectuerez-vous la descente du puits d'une mine, vous faufilerez-vous dans les anfractuosités d'un arbre creux ou encore chevaucherez-vous le soleil couchant déclinant à l'horizon.

3 Laissez les images ou les visions oniriques émerger des abîmes de votre inconscient. Tenez-vous prêt maintenant à entamer un mouvement ascensionnel radicalement inverse du précédent, comme si les cavernes souterraines débouchaient soudain sur des paysages éthérés. Accéder aux strates inférieures de notre inconscient peut en effet nous permettre d'entrer en contact avec les instances supérieures de notre psyché, siège de notre sagesse spirituelle et de notre entendement innés.

4 Le lendemain, passez minutieusement vos rêves en revue, afin d'y déceler la présence d'archétypes. Les expériences oniriques dépendent du vécu du rêveur, votre approche sera donc unique.

Les personnages archétypiques

Les rêveurs se demandent parfois comment parvenir à identifier la nature archétypique des personnages rencontrés dans leurs songes. Ainsi, une femme qui s'occupe d'un nourrisson ou un homme âgé représentent-ils leurs propres personnages ou les figures archétypiques de la Mère et du Vieux Sage ? On pourrait considérer, en un sens, que tout personnage onirique remplissant ces rôles est archétypique, puisque la maternité et la maturité elles-mêmes ont valeur archétypique. Toutefois, l'apparition de véritables archétypes laisse généralement une empreinte indélébile dans la mémoire du rêveur.

Les rêves dans lesquels les véritables archétypes se manifestent sont essentiellement reconnaissables à leur pouvoir d'inspirer une sorte de crainte révérencielle. Les rêveurs en arrivent quelquefois à penser que leurs rêves leur sont envoyés par une puissance extérieure sage et bienveillante. Si vous constatez que l'importance du personnage de votre rêve dépend plus du fait qu'il véhicule un thème fort sous-jacent que de sa qualité de personnage, il y a quelque chance pour qu'il s'agisse d'un archétype. La pertinence universelle des archétypes peut être généralement perçue comme une expérience d'une signification supérieure, difficile à déchiffrer, mais qui, une fois vécue, devient identifiable. Jung conférait aux rêves archétypiques la fonction particulière d'aider le rêveur à orienter le cours ultérieur de son existence. Il conseillait aux rêveurs de rechercher l'origine de ce rêve et d'en mesurer l'éventuelle incidence. Si les archétypes constituent des personnifications de nos énergies psychiques, leur apparition dans les songes peut alors nous laisser entrevoir notre avenir.

La foudre, *symbole de la force vitale et de l'esprit divin, est l'un des phénomènes naturels spectaculaires susceptibles d'annoncer dans les rêves l'apparition d'archétypes.*

Répertoire des archétypes

Comme nous l'avons constaté dans les pages précédentes, les énergies archétypiques peuvent s'incarner de différentes manières, et se manifester dans les songes sous la forme d'événements symboliques ou d'êtres réels ou mythiques. Vous identifierez plus aisément, du moins au début, les archétypes adoptant une apparence humaine.

L'Anima

L'Anima est porteuse de sagesse dirigée vers soi-même. Empruntant habituellement les traits d'une jeune femme, elle représente l'intuition, l'élément féminin de notre psyché que les hommes ont tendance à négliger trop fréquemment. L'Anima, comme l'Animus, intervient souvent pour servir de guide au rêveur qu'elle exhorte à emprunter en toute confiance des voies inédites pour explorer son moi intérieur.

L'Animus

L'Animus représente la composante masculine de la psyché féminine. Souvent symbolisé dans les rêves sous les traits d'un beau jeune homme et dans les contes de fées par le prince charmant, il représente l'énergie masculine brave, active et volontaire, dont les femmes n'exploitent que rarement le potentiel. L'Animus se manifeste souvent dans le but de leur rappeler qu'elles peuvent tout aussi bien trouver en elles les qualités qu'elles s'obstinent à chercher à l'extérieur et les éclaire dans leur quête.

L'Enfant Divin

L'Enfant Divin, qui prend dans les rêves l'apparence d'un nourrisson ou d'un petit enfant, est l'archétype de la régénération et de l'avènement d'une vie nouvelle. La symbolique de l'Enfant Divin associe les notions de sacré, d'innocence et de pureté parfaites. Il a le pouvoir de nous transformer en nous révélant nos véritables origines d'enfants innocents et curieux, et en nous rappelant combien nous avons délaissé notre potentiel personnel initial.

Le Vieux Sage

Le Vieux Sage nous transmet le savoir et la clef des problèmes et dilemmes d'ordre pratique que nous rencontrons sur la voie de la découverte et de l'accomplissement de nous-mêmes. Il peut se manifester sous l'apparence d'un magicien, d'un ermite, d'un sage ou d'un professeur. Parce qu'il personnifie, d'une part, la sagesse immémoriale de l'humanité et, par ailleurs, la connaissance supérieure vers laquelle nous tendons, il donne souvent au rêveur le sentiment d'avoir la force et la puissance de faire des choix avisés. Cet archétype peut aussi revêtir les traits d'une vieille femme sage.

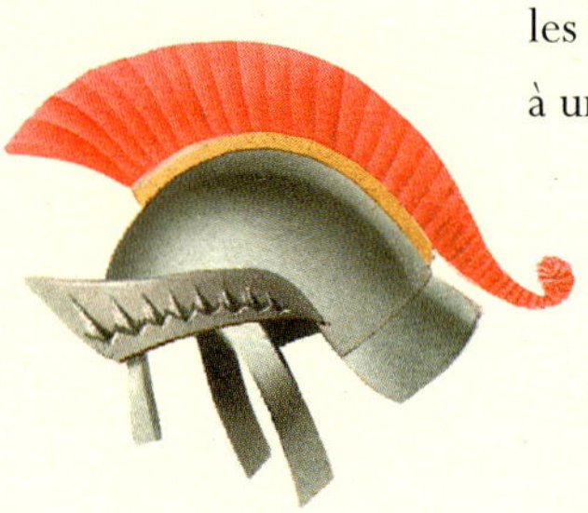

Le Héros

Le Héros est la facette de notre personnalité consciente qui, chez les hommes comme chez les femmes, aspire à un développement et à un épanouissement intérieurs et se met en quête de la vérité. Les travaux auxquels fait face le Héros sont souvent symbolisés par des défis physiques requérant des qualités et une bravoure exceptionnelles, et nécessitent le recours fréquent à l'Animus (dont il se différencie à peine à certains moments), à l'Anima ou au Vieux Sage. Cet archétype peut aussi apparaître comme un antihéros, que la quête d'idéaux trompeurs entraîne dans une série d'aventures dont il ressortira grandi, mais qui resteront futiles. Lorsqu'un rêve met en scène des défis physiques ou psychologiques, vous pouvez en déduire que vous êtes en présence de l'archétype du Héros.

Le Magicien

Le Magicien possède une face lumineuse, qui peut s'incarner dans les songes dans le personnage d'un bouffon ou d'un clown, et une face obscure, qui se manifeste sous l'apparence d'un personnage sournois et sinistre, qui prend un malin plaisir à embrouiller et à gâter la situation. Il jongle entre ces deux rôles, sans prévenir, et peut également être le signe de la transformation. Le magicien représente le versant intuitif de notre psyché. Son apparition et son intervention dans nos rêves nous sont souvent bénéfiques à long terme, même si notre perception en est tout autre.

La Mère, symbole de la fécondité, de la fonction nourricière et de l'amour indispensable au développement, présente également un aspect négatif, lorsqu'elle revêt les traits de la femme possessive voire dévoratrice, personnifiée généralement dans les contes de fées par une sorcière ou une méchante marâtre. Lorsqu'elle est vénérée en tant que protectrice des moissons et reine omnipotente, la Mère figure avant tout les principes de la bonté et du mystère féminins.

La Mère

L'Ombre représente l'obscurité, le versant refoulé de notre personnalité, qui peut apparaître dans les rêves sous la forme d'un compagnon hostile ou d'une présence silencieuse et inquiétante. L'Ombre n'est pas systématiquement malfaisante, mais elle représente certains aspects intimes de nous-mêmes dont nous préférerions qu'ils n'émergent pas. Peut-être nous faut-il laisser accéder à la lumière les affects représentés par l'Ombre, de façon à les évaluer et à les traiter au niveau conscient.

L'Ombre

Les Nombres revêtent également souvent, dans les grandes traditions, une signification archétypique. Le chiffre *un* représente l'apparition originelle de l'esprit dans la matière ; le chiffre *deux*, les principes masculin et féminin ainsi que la procréation ; le *trois*, la trinité divine (et parfois la trinité du corps, de l'âme et de l'esprit) ; le *quatre*, la terre et l'harmonie ; le *cinq*, l'homme (l'étoile à cinq branches) ; le *six* (2 que multiplie 3), l'amour, les rêves et le don ; le *sept* (4 plus 3), le voyage mystique qui conduit de la terre au ciel ; le *huit*, l'initiation ; le *neuf* (3 fois 3), l'éternité et l'invulnérabilité ; et le nombre *dix*, la loi et les commandements (calqués sur nos dix doigts). Le *zéro*, le cercle parfait, représente à la fois l'infini et le vide, toute chose et le néant. Les nombres peuvent se manifester symboliquement dans les rêves dans un ensemble d'objets, de compagnons, de travaux, etc. Certaines traditions suggèrent qu'en sacrifiant, avant de s'endormir, à des rites spécifiques, on peut provoquer des rêves dont le contenu peut être symbolisé par un chiffre.

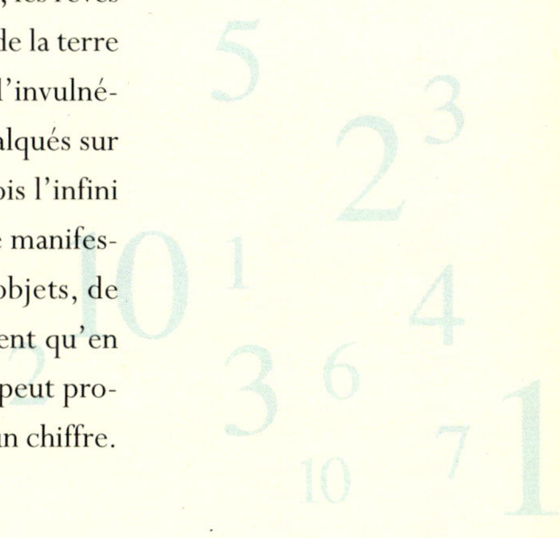

Travaillez avec les archétypes

Les huit figures archétypiques que nous avons définies dans les quatre pages précédentes, en nous fondant sur la classification de Jung, sont seulement quelques-uns des innombrables aspects qui incarnent, dans les songes, nos énergies archétypiques. En acceptant d'accorder également aux éléments (terre, eau, air et feu) et aux créatures mythiques, comme les licornes et les chevaux ailés, le statut d'archétypes, nous enrichissons notre langage psychique personnel qui nous permettra de comprendre et d'interroger nos rêves.

Lire et admirer les récits épiques des mythes et de la littérature nous permet d'identifier plus aisément les événements, les motifs récurrents et les personnages archétypiques de nos rêves.

Les archétypes, nous sont d'une aide précieuse dans l'interprétation des rêves. Il nous faut toutefois veiller à ne pas tomber dans le piège qui consiste à penser qu'ils fournissent des significations immédiates quel que soit le contexte. Nous ne devons pas oublier non plus qu'ils ne représentent que les pièces d'un puzzle à reconstituer. Ils sont, à l'instar des composantes de l'inconscient collectif, comme les mythes et les contes populaires, d'une nature complexe et souvent ambivalente. Si nous nous familiarisons avec les archétypes et leur apparence dans les mythes, nous les reconnaîtrons quand ils apparaîtront dans nos songes et nous serons alors plus réceptifs à leurs messages. Mieux les connaître peut même augmenter la fréquence de leurs apparitions. De la même façon que les archétypes jaillissent des profondeurs de notre inconscient, les rêves, qui nous ménagent un contact plus direct avec eux, nous permettent également de forger une relation plus harmonieuse entre les différentes strates de notre personnalité. Par ailleurs, nous disposons d'une série de modèles – ou d'agents, agissant en notre nom –, qui peuvent nous conseiller dans notre exploration des significations des rêves issus du niveau 2 ou du niveau 3, de même que les cartes du Tarot peuvent nous aider à mieux décrypter le mystère de notre nature la plus intime.

Identifiez vos archétypes personnels

EXERCICE 18

Les archétypes véhiculent une signification universelle, mais nous leur ajoutons tous des détails provenant de nos expériences personnelles, vécues éveillé ou en rêve. Lorsqu'il s'agit d'interpréter des rêves archétypiques, il est indispensable d'avoir conscience de la signification que certains archétypes revêtent à nos yeux.

1 Sélectionnez les archétypes qui vous semblent porteurs de la charge émotionnelle la plus forte en vous efforçant de choisir, non seulement des personnages archétypiques, mais aussi des objets, des actions ou des chiffres eux-mêmes archétypiques.

2 Inscrivez le nom de chacun de ces archétypes importants au centre d'une feuille d'une section distincte de votre journal des rêves et disposez tout autour les associations et les réminiscences de rêves qu'ils font surgir dans votre esprit.

3 Au bas de chaque page, rédigez brièvement quelques notes concernant les rêves dans lesquels l'archétype est apparu. Représentez par un dessin la signification personnelle que vous lui attribuez ainsi que le contexte et la fréquence de ses apparitions dans vos songes.

4 Vous découvrirez peut-être, alors, que votre perception des archétypes ne coïncide pas complètement avec celle des grands mythes (cf. pages 96-98). Cherchez-en la raison. Êtes-vous par exemple réticent, soit par inhibition, soit par obstination, à emprunter la voie indiquée par le mythe ? Si tel est le cas, réfléchissez à ce que vous pouvez entreprendre pour modifier votre attitude et surmonter cet obstacle.

L'amplification

Une fois les archétypes identifiés dans les rêves, la première phase d'interprétation est souvent simple, dans la mesure où leur signification symbolique universelle a fait l'objet d'une exploration minutieuse. Cependant, cette signification a tendance à être occultée par des associations plus subjectives, de sorte que le sens profond propre à chaque archétype ainsi que la connotation que leur attribue le rêveur, n'émergeront qu'à l'issue d'un travail plus poussé.

Jung assimilait ce travail à l'amplification, qui consiste à fouiller les mythes dans lesquels l'archétype concerné apparaît, et à prendre conscience de la façon dont ces mythes reflètent des aspects de notre propre vie. Attardez-vous à lire les mythes durant la journée. Jung considérait que les mythes grecs convenaient tout particulièrement aux Occidentaux. Rien ne vous empêche pour autant de privilégier la mythologie spécifique à d'autres cultures : vous pouvez ainsi choisir les mythes amérindiens, égyptiens ou hindous, les récits chamaniques ou encore les contes celtes.

L'histoire de ***Shiva,*** *le père de la « sainte famille » dans le panthéon hindouiste, qui se prête bien à l'amplification, offre une large série d'événements et d'images archétypiques.*

Imaginez que vous avez vu en songe un jeune homme avec une guitare brisée. Grâce à la méthode de l'amplification vous pouvez associer ce personnage à Orphée, le musicien grec dont les chants charmaient même les animaux, ce qui peut ensuite évoquer l'histoire d'Orphée pénétrant dans le royaume des morts pour sauver sa bien-aimée Eurydice. Pour s'être retourné vers Eurydice, qui le suivait alors qu'il remontait vers la lumière, Orphée transgressa un tabou fondamental et perdit son amour à jamais. Cet épisode peut suggérer la culpabilité ou le sentiment de perdre un bien précieux du fait de sa propre négligence. Si vous pous-

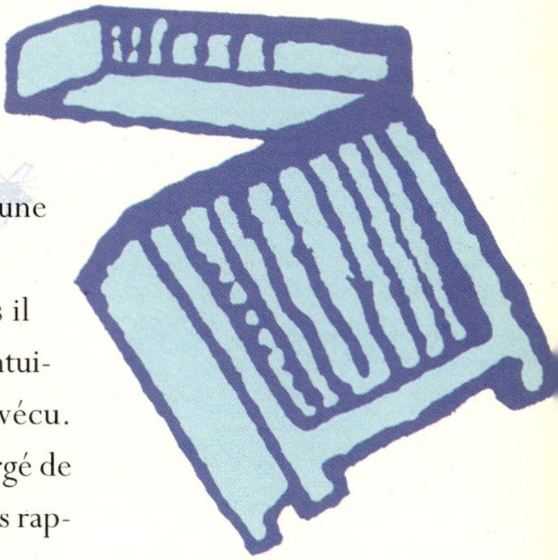

sez plus loin l'exploration du mythe, dans cette optique, ou bien en suivant la piste des autres aspects du récit, vous pourrez commencer à appréhender les composantes de votre propre existence sous un nouveau jour et, de là, parvenir à une meilleure connaissance de vous-même.

Plus vous vous familiariserez avec les grands mythes, plus il vous sera facile de procéder à une amplification. Vous sentirez intuitivement que certains mythes seront plus adaptés à votre vécu. Cependant, comme tous les grands thèmes mythiques ont émergé de l'inconscient collectif, il faut savoir qu'ils entretiennent tous des rapports privilégiés avec la psyché humaine.

Au cours de l'amplification, il se peut que vous souhaitiez prendre la place de l'archétype, en imaginant que vous faites partie du mythe et que vous participez aux événements dans le but de vérifier si ce mythe vous correspond. Vous pouvez tour à tour adopter le point de vue d'un des personnages mineurs ou vous transformer en observateur objectif de l'action.

Durant l'amplification, vous pouvez aussi ressentir le besoin de modifier le contenu du mythe, ce qui est parfaitement légitime si vous vous contentez de changer ou d'ajouter certains détails, et que cela n'affecte en rien les thèmes principaux ou la puissance archétypique de l'histoire. Il se peut aussi qu'une fois le travail de compréhension engagé, le mythe apparaisse tel quel dans vos rêves, ce qui vous permettra d'en clarifier plus précisément la leçon. Si vous ne parvenez pas à faire ou à vous remémorer des rêves archétypiques, choisissez un mythe qui vous semble coïncider le mieux avec votre vécu. Après un temps de méditation et d'analyse, rédigez les réflexions que le mythe vous inspire et faites-en un dessin en n'ayant de cesse d'exhorter votre inconscient à l'introduire dans vos rêves.

Vous pouvez appliquer la méthode de l'amplification même lorsque vous ne parvenez pas à identifier un mythe en rapport avec votre situation personnelle. Choisissez alors plutôt un mythe qui soit

Clef d'un songe

Élaborez votre propre répertoire mythique que vous utiliserez lors de l'amplification. Les mythes grecs de Jason et de la Toison d'Or et l'histoire d'Œdipe fournissent de bons points de départ. La légende de la Boîte de Pandore, qui explique l'origine des maux de l'humanité, est à cet égard tout aussi intéressante : quand Pandore, mue par la curiosité, ouvrit la boîte qui lui avait été confiée, elle en fit échapper la maladie, le dur labeur et les guerres qui envahirent le monde, seul l'espoir demeurant à l'intérieur.

signifiant pour nous tous, comme l'histoire de Perséphone, fille de Déméter, déesse de l'agriculture et de la fécondité. Hadès, dieu des Enfers, enleva Perséphone et la retint prisonnière dans son royaume. Apprenant la nouvelle, Déméter affligée fondit en larmes et apporta l'hiver au monde. Plus tard, Zeus persuada Hadès de libérer Perséphone deux tiers de l'année, mais l'obligea à séjourner aux Enfers durant le troisième. Les thèmes majeurs de ce mythe (jeunesse / vieillesse, hiver / printemps, terre / enfers, liberté / captivité) le rendent particulièrement propice à l'amplification.

Le rêveur se représente souvent dans ses songes l'enfer comme une caverne, un sous-sol ou une nuit très noire. Notre rêve met alors l'accent sur le fait que la plupart d'entre nous sommes condamnés à visiter l'enfer symbolique de la douleur ou du désespoir. Mais la suite du mythe de Perséphone nous montre que les Enfers ne sont pas, en fin de compte, un monde où règnent la mort et l'oubli, mais le lieu de l'incubation et de la renaissance. Le retour de Perséphone sur la terre s'accompagne de l'arrivée du printemps et du triomphe de la nature, symbole de vie.

Le mythe grec d'Hercule, contraint par Zeus de servir un maître qui lui donna douze travaux apparemment impossibles à exécuter, a également une portée universelle. Hercule surmonta toutes les épreuves et fut, en récompense, rendu immortel. Soyez attentif à l'apparition, dans vos rêves, de travaux symboliques pénibles, et notez à la fois la manière dont vous les affrontez et l'état d'esprit qui est le vôtre à ce moment-là. Si les travaux semblent totalement dépasser vos capacités, imposez-vous, lorsque vous êtes éveillé, de vous montrer plus volontaire la fois suivante et guettez, dans vos rêves, les signes d'une plus grande réussite.

Trouver le mythe approprié pour opérer une amplification revient quelquefois simplement à appliquer la méthode des essais et des erreurs.

Libérez-vous de l'emprise de l'ego

Étude de cas numéro 5

Cette rêveuse est une jeune danseuse, ce qui justifie parfaitement son choix, comme point de départ de l'amplification, de la légende d'Ishtar, déesse qui exécuta la Danse des Sept Voiles.

« Dans mon rêve, je descendais dans un tunnel sombre à la recherche de quelque chose d'important. Au premier tournant, un homme à un guichet me demanda de l'argent pour me laisser passer. La même chose se reproduisit plus loin devant une porte de fer, dont les barreaux rappelaient ceux d'une prison. Je n'avais plus d'argent liquide et j'ôtai donc un anneau en argent de l'un de mes doigts. Le tunnel s'ouvrit alors sur un espace ressemblant à un parking inondé de lumière. Des gens, qui me regardaient, assis sur des sièges, me crièrent que je ne passerais que si je chantais. Le rêve s'est heureusement achevé à cet instant-là. »

« Pour amorcer l'amplification, je me suis d'abord référée au Livre des Morts *des Égyptiens, dans lequel l'âme doit donner un présent aux gardiens pour franchir chaque étape, ce qui m'a conduite aux Grecs anciens qui donnaient une somme d'argent au passeur qui leur faisait traverser le Styx. Mais aucun de ces mythes ne me convenait réellement. J'ai soudain pensé, ensuite, au mythe babylonien d'Ishtar qui dut se dépouiller de ses bijoux et des éléments de sa parure à chacune des sept portes de l'Enfer et se présenta nue devant sa sœur, Ereshkigal, reine des morts. Je compris immédiatement. Le rêve me prévenait que je devais abandonner l'enveloppe factice de mon ego, si je voulais pénétrer mon inconscient et rencontrer mon moi intime. Cela me donna vraiment matière à réflexion. »*

La mythologie personnelle

Les événements légendaires peuvent puiser leurs sources dans l'Histoire. Le déluge de la Bible et d'autres récits épiques font probablement référence à des inondations qui se sont effectivement produites par le passé. Cependant, cela n'entame en aucune façon leur signification archétypique intrinsèque.

L'acception du mot « mythe » recouvre souvent pour nous celle du mot « fiction ». Certes, les événements relatés dans les mythes datent d'il y a si longtemps qu'il est impossible de savoir s'ils ont un quelconque rapport avec des faits historiques. Les chercheurs conviennent souvent cependant qu'ils contiennent des éléments véridiques. Ainsi, nombre d'entre eux sont convaincus que la légende du héros Hercule est inspirée de la vie d'un chef grec qui a réellement existé et Troie, considérée pendant des siècles comme une cité fictive, a été depuis mise au jour lors de fouilles archéologiques.

Quel que soit le rapport que les mythes entretiennent avec la réalité, ils sont tous vrais en un sens : ils représentent des situations qui se répètent sans cesse, aussi bien dans le monde extérieur que dans nos vies intérieures. Ils nous avertissent des pièges qui nous guettent, en élargissant le champ de notre connaissance de nous-mêmes et en nous donnant un aperçu de réalités spirituelles qui ne peuvent s'exprimer qu'en termes de métaphores.

Nous pouvons exploiter nos propres instincts créatifs pour encourager l'imagination à travailler de concert avec l'inconscient. Ainsi, pour assimiler les rêves qui sont *a priori* étrangers aux archétypes existants, il suffit de créer votre propre mythe personnel. Vous pourriez ainsi le représenter sous la forme d'une série d'images ou d'une bande dessinée ; si vous êtes musicien, vous pourriez même composer une mélodie de circonstance. La plupart des gens se contenteront toutefois de consigner les épisodes du mythe dans leur journal des rêves. Comme les mythes anciens votre histoire « grandira » avec le temps.

Écrivez votre mythe personnel

EXERCICE 19

Il se peut que vous reconnaissiez, dans le journal des rêves que vous tenez maintenant depuis plusieurs semaines, des thèmes ou des personnages récurrents susceptibles d'être archétypiques, même si vous ne parvenez pas à en identifier la nature.

1 Cherchez dans votre journal les rêves qui semblent revêtir une signification qui vous est personnelle. Ce peut être le cas de ceux qui recèlent un thème omniprésent dans votre vie onirique. Débrouillez la signification archétypique éventuelle de ces rêves en les assimilant aux épisodes d'un mythe qui vous est propre.

2 Tissez les événements de ces épisodes dans une trame commune, en laissant votre imagination vous fournir le contexte et les détails. Dotez les personnages de vos songes de la faculté de dialoguer librement et observez attentivement le résultat. S'il existe des lacunes dans le récit, assignez à votre inconscient la mission de les combler dans vos prochains rêves.

3 Consignez dans votre journal des rêves l'histoire et les émotions suscitées et essayez de les illustrer dans votre carnet à dessins. Attribuez aux personnages de vos mythes personnels un nom, mythique ou inventé. Soyez attentif aux émotions que vous éprouvez lorsque vous racontez cette histoire.

4 Ce mythe personnel représente une situation ou une préoccupation que vous n'avez pas encore résolue dans la vie consciente. Il formule à votre conscience, à travers le récit et la personnification, vos inquiétudes les plus intimes. Le mythe peut à la fois remonter le cours de votre existence et renfermer certaines clefs concernant votre avenir.

L'accomplissement d'un désir

Freud tira de ses expériences thérapeutiques la conclusion que les rêves sont un moteur puissant de l'accomplissement d'un désir, puisqu'ils traduisent en actes les instincts et les désirs que nous sommes incapables de satisfaire dans la vie consciente. Les successeurs de Freud reconnaissent également dans leurs théories du rêve, même s'ils y insistent moins que lui, l'importance de l'accomplissement de désir.

Les rêves d'accomplissement d'un désir ont souvent un contenu ayant rapport à la sexualité, à la violence, à l'instinct de possession. Le rêveur peut, lorsqu'il analyse ses rêves, éprouver de la honte quant aux actes accomplis dans ses songes et considérer, alors, qu'ils ne sont en rien représentatifs de sa véritable nature. Ces actes peuvent être accomplis, d'après un mécanisme qui empêche souvent le conscient de reconnaître l'intention réelle du rêve, non par le rêveur, mais par une autre personne représentant un aspect de sa personnalité. Bien que ces rêves puissent nous transmettre une vision dérangeante de nos désirs cachés, ils ne sont pas obligatoirement négatifs.

***Les animaux** peuvent, dans les rêves, réaliser les désirs que le rêveur se sent incapable d'exprimer dans la vie réelle.*

Nombre des désirs ainsi révélés sont parfaitement innocents, mais ont été refoulés durant l'enfance. L'affirmation de soi, l'individualité, la sexualité voire la créativité de l'enfant, sont souvent découragées par les adultes désapprobateurs et les rêves d'accomplissement de désir remplissent une fonction très utile. Nous pouvons alors explorer les causes des sentiments de défaite et de frustration éprouvés et essayer de trouver les moyens de surmonter nos problèmes.

L'exemple suivant, inspiré d'un cas rapporté par Freud dans l'*Interprétation des rêves,* démontre comment des symboles peuvent occulter la véritable signification d'un rêve d'accomplissement d'un désir.

Un besoin d'amour

Étude de cas numéro 6

Cet exemple typique d'un rêve d'accomplissement d'un désir à contenu sexuel fut raconté à Freud par l'épouse d'un policier.

« Je rêvais que quelqu'un pénétrait par effraction dans ma maison, et j'appelai, terrifiée, un policier. Mais le policier se trouvait à ce moment-là dans une église en compagnie de deux clochards. Il y avait des marches pour accéder à l'église et un chemin, derrière, conduisait à une colline et à des bois touffus. Le policier, barbu, portait un casque, une mentonnière et un manteau, tandis que les clochards portaient des tabliers de toile grossière autour de la taille. »

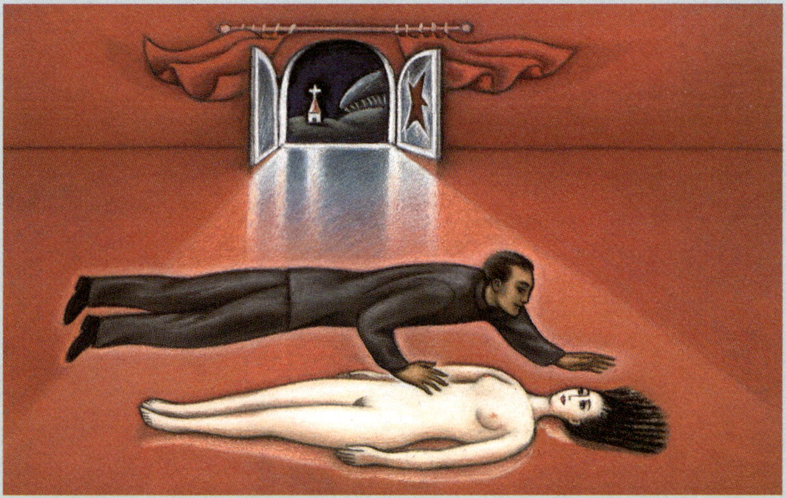

Freud considérait que le rêve présentait un certain nombre de symboles sexuels. L'église représente le vagin, les marches l'acte sexuel, la colline et les bois le mont et les poils pubiens du sexe féminin. Le manteau du policier est un symbole phallique et les tabliers de toile grossière figurent le scrotum. Freud en conclut que la femme aspirait à une sexualité plus épanouie avec son mari. Quelqu'un « pénètre par effraction » dans sa maison (un ardent désir sexuel perturbant « pénètre » sa conscience), et bien qu'elle prenne son excitation pour de la frayeur, son rêve exprime son désir, de manière fort ingénieuse, d'ailleurs, au moyen de symboles.

Guide de l'unité et de l'harmonie

« L'expérience du rêve... donne l'occasion d'une rencontre enrichissante avec les autres aspects de notre personnalité. »
Montague Ullman et Nan Zimmerman

L'homme est l'association de trois éléments : la psyché, le corps et l'esprit. Lorsqu'ils fonctionnent à l'unisson, nous accédons à la plénitude. Parfois, cependant, ils entrent en conflit et ont besoin d'être intégrés (acquérir unité et harmonie). Les rêves, notre fenêtre sur l'inconscient, peuvent nous aider à retrouver le fil perdu qui relie les facettes intellectuelle, physique et spirituelle de notre personnalité.

Les médecins reconnaissent que les conflits entre la psyché et le corps jouent un rôle important dans les affections physiques. Mais les effets du conflit entre la psyché et l'*esprit*, siège de la conscience de notre identité qui s'exprime à travers la religion et la création artistique, restent à préciser. L'esprit est le siège de notre capacité d'étonnement et jouit à ce titre de la faculté de s'émerveiller tant du monde extérieur que de lui-même. Les théories scientifiques qui expliquent la vie d'un point de vue strictement matérialiste, peuvent nous induire en erreur, nous rendre sourds aux sollicitations de l'esprit et tarir notre imagination.

En faisant affleurer les strates enfouies de notre inconscient, les rêves peuvent nous indiquer la voie qui nous permettra de recouvrer la conscience de notre identité. Les rêves, qui nous laissent entrevoir nos vies intérieures, ont le pouvoir de nous révéler nos motivations inconscientes et de nous faciliter la compréhension des vérités fondamentales que nous avons délaissées. Nous ne tarderons pas à nous affranchir des contraintes du quotidien et à retrouver notre harmonie originelle.

Vers l'unité et l'harmonie

***Les conflits intérieurs** sont parfois la source de difficultés psychologiques profondes. En apportant une solution à ces situations conflictuelles inconscientes, nous pouvons progresser vers la plénitude et la paix.*

Les rêves sont dans de nombreuses cultures une des voies de la guérison et de la sagesse. Pour les Grecs et les Égyptiens, les songes pouvaient révéler l'origine et le traitement des maux physiques et mentaux. En Sibérie, sur le continent américain et en Afrique, les croyances veulent que les chamanes, en visitant d'autres mondes par les rêves, trouvent des remèdes aux diverses affections dont souffrent les personnes qui s'adressent à eux. Dans les traditions arabes, de la Chine ancienne, hindoues et bouddhistes, les rêves sont censés transmettre des indications et des avertissements concernant à la fois la vie intérieure et le monde extérieur. De la même façon, les psychologues contemporains considèrent que les rêves les éclairent sur les causes des névroses. Pour Jung notamment, les rêves pouvaient orienter et favoriser le processus de guérison de la psyché, du corps et de l'esprit. Les théories plus récentes de l'autothérapie utilisent les rêves pour découvrir les métaphores personnelles ensevelies susceptibles de contribuer à la guérison et de faciliter le développement personnel. La psychosynthèse, qui associe des traitements destinés à favoriser l'intégration des différentes facettes de la personnalité, exploite les découvertes révélées dans les songes. Les rêves fournissent également, dans une certaine mesure, la matière première des thérapies fondées sur la créativité artistique qui aident, au moyen de la musique, du théâtre et de la peinture, les patients à extérioriser les aspects jusqu'alors refoulés ou non exprimés de leur personnalité.

Les rêves offrent différentes clefs pour parvenir par soi-même à l'intégration et à la réconciliation de la psyché, du corps et de l'esprit. Ils nous permet-

tent d'accéder au cœur de l'esprit lui-même, en nous rendant beaucoup plus réceptifs à ses besoins et à ses inquiétudes. En permettant au moi le plus intime de s'exprimer librement, les rêves tissent des liens solides entre nos vies intérieure et extérieure.

Dans le cadre de l'exploration de votre personnalité, vos rêves représenteront les étapes de votre progrès. Notez la plus grande fréquence des rêves du niveau 2 et du niveau 3 et le sentiment d'avoir accédé à des vérités « universelles » et « éternelles ». Certains thèmes sont aussi les indicateurs des progrès accomplis sur la voie de la plénitude : la rencontre de personnages âgés et sages, une quête et une découverte, le franchissement de fleuves ou de frontières et des paysages harmonieux ont tendance à devenir plus fréquents. Les rêves symbolisent parfois l'intégration du corps, de la psyché et de l'esprit par les accords d'une mélodie ou les rimes d'un poème. Les rêves lucides se font plus nombreux et votre capacité à influencer le contenu de vos songes s'affirme. La vie onirique et l'exploration de la personnalité s'enrichissent mutuellement.

Reprendre contact *avec les facettes délaissées de votre personnalité, les rappeler à votre conscience et veiller à leur harmonie sont les étapes incontournables de l'exploration de vous-même.*

La compréhension de soi-même

***Les rêves** nous renseignent sur notre nature authentique et nous engagent à une véritable introspection, qui nous révèle aussi bien les forces que les faiblesses cachées de notre personnalité.*

Avant d'entamer un voyage, nous planifions habituellement notre trajet en déterminant toutes les étapes qui nous conduiront à destination. La première étape sur le parcours de la plénitude intérieure consiste à situer notre point de départ et à comprendre où et qui nous sommes. Les rêves, qui ont le pouvoir de nous révéler nos espoirs et nos peurs les plus intimes, sont des alliés inestimables dans notre tentative d'accéder à cette compréhension.

Nombre de processus de l'intégration se situent en deçà du niveau de la conscience. Une fois que l'inconscient a reconnu nos objectifs, il entreprend de nous aider à les réaliser, de la même façon qu'il nous aide à résoudre les problèmes d'ordre pratique et intellectuel. Cependant, le travail d'introspection doit, en grande partie, être effectué au niveau conscient. Nous devons ainsi reconnaître, de façon consciente, les tensions résultant de la pression exercée sur le corps par la psyché ou de l'ignorance, par la psyché, des sollicitations de l'esprit, et décider consciemment d'adapter en conséquence nos comportements et nos vies.

Les différents niveaux du rêve favorisent ce processus, chacun à leur manière. Les rêves issus du niveau 1, qui peuvent se manifester pour dépeindre des événements ordinaires, nous aident à identifier les désordres de notre vie éveillée. Dans notre quête de nous-mêmes, nous devons nous interroger sur les raisons qui font que ces expériences sont suffisamment importantes pour que nous les revivions dans nos rêves. Leur analyse nous permet d'identifier les aspects de nos vies auxquelles nous devrions accorder davantage d'attention. Nos rêves peuvent, par exemple, nous renseigner sur des problèmes physiques que nous négligeons, nous rappeler un centre d'intérêt que nous avons délaissé, ou révéler des tendances néfastes qui nous poussent à fuir nos responsabilités. Bref, ils nous informent en des termes simples de *ce* qui ne va pas.

Les rêves plus profonds, du niveau 2, nous montrent, pour leur part, *pourquoi* nous sommes tels que nous sommes. En éclairant les expériences qui nous ont permis de développer et de forger notre personnalité, les rêves du niveau 2 nous aident à reconnaître les énergies et les désirs refoulés de nos vies intérieures, et à identifier les raisons inconscientes qui sous-tendent nos comportements. Ils décrivent les activités de ce que Freud appelait le *ça*, qui représente le versant instinctif de notre personnalité, que l'*ego* soumet à son contrôle dans notre vie éveillée.

Les rêves issus du niveau 3, nous révèlent un aperçu de la sagesse immémoriale de l'inconscient collectif. Les personnages et les événements archétypiques qui les peuplent sont capables de nous dévoiler *qui* nous sommes. Nous devons aussi nous montrer très attentifs aux bribes de matériau, issues du niveau 3, présentes dans les rêves plus communs du niveau 2. Nous y rencontrerons, par exemple, un vieillard pour nous parler le langage de la sagesse. Peut-être y verrons-nous un paysage extraordinaire... Nous pouvons, pour faciliter notre auto-analyse, non seulement fouiller minutieusement nos rêves, mais aussi nous formuler les bonnes questions, et les conserver bien présentes à l'esprit, tant à l'état éveillé qu'avant de nous endormir. La question fondamentale est bien sûr : « Qui suis-je ? » ou « Pourquoi suis-je ici ? » ou : « À quoi tout cela rime-t-il ? ». Une réponse totale ou partielle peut surgir sous la forme d'un symbole ou d'une nouvelle conviction, comme si vous en aviez saisi la signification sans qu'elle fût inscrite dans la mémoire.

La clef d'un songe

Repérez dans vos rêves tout signe d'incertitude concernant l'orientation de votre vie. Demandez-vous si vos rêves vous signalent votre peur de l'inconnu ou vos hésitations quant à poursuivre dans cette voie. Avant de vous endormir, réfléchissez aux choix que vous avez faits dans votre vie et demandez à vos rêves de vous indiquer le chemin du progrès.

Révélez votre moi véritable

EXERCICE 20

Nous jouons, dans nos vies conscientes, de nombreux rôles différents qui peuvent apparaître dans les rêves sous une forme exagérée. Cet exercice nous aidera à analyser ces exagérations et à déceler les indices qu'elles recèlent et qui peuvent nous aider dans la quête du « moi véritable ».

1 Feuilletez votre journal des rêves et établissez la liste des rôles que vous avez tenus dans vos songes – celui d'un conducteur d'automobile ou de locomotive, d'un amoureux, d'un parent ou d'un cadre supérieur, ou bien encore d'un voyageur, d'un journaliste, d'un enfant, d'une sorcière ou d'un magicien.

2 Tracez sur une grande feuille de papier un cercle autour duquel vous inscrirez les noms des rôles que vous tenez dans vos rêves ou représentez-les par un dessin. Observez ces rôles et réfléchissez-y attentivement en conservant à l'esprit que chacun des personnages situés à l'extérieur du cercle reflète les différentes facettes de votre personnalité.

3 Concentrez-vous sur l'espace vide à l'intérieur du cercle et interrogez-vous sur l'identité de la personne située au centre.
Essayez de visualiser une image ou des mots apparaissant spontanément à l'intérieur du cercle.

4 Si rien ne se produit, scrutez à nouveau les images ou les noms écrits tout autour du cercle, sans vous arrêter ou sans insister sur les associations qu'ils pourraient déclencher.
Regardez à nouveau l'espace vide au centre. Répétez l'exercice patiemment jusqu'à ce que votre inconscient vous fournisse une indication quelconque qui semble vous faire entrevoir votre identité véritable.

Les aspects du corps

EXERCICE 21

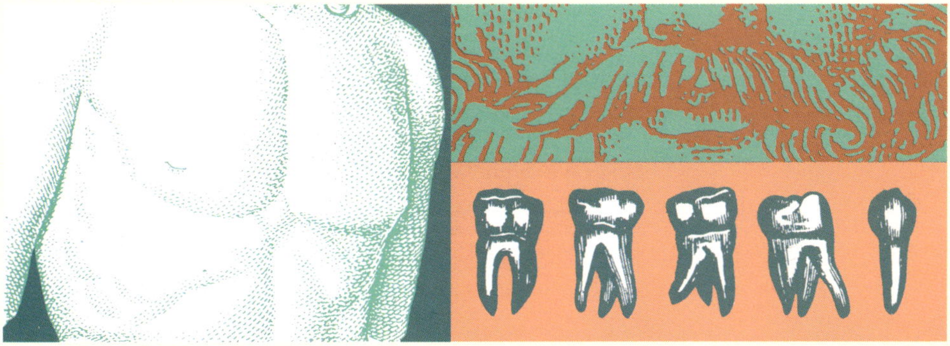

Les sentiments que nous avons de nous-mêmes sont souvent symbolisés, dans les songes, par des déformations de notre image corporelle. Cet exercice est destiné à explorer la nature de ces transformations et à découvrir ce qu'elles révèlent de nos conflits intérieurs cachés.

1 Notez sur un bout de papier toutes les caractéristiques de votre apparence physique dans vos rêves. Vous pouvez vous voir en songes plus jeune ou plus âgé, plus enveloppé ou plus mince, enfin, plus laid ou plus attirant que dans la réalité.

Notez également les signes particuliers, tels que les défauts ou toute disproportion.

2 Demandez-vous si votre image onirique compense une quelconque imperfection physique. Si c'est le cas, demandez à votre inconscient de vous aider à accepter et à estimer votre apparence et fixez-lui pour mission de vous transmettre à l'avenir l'image de votre apparence physique réelle.

3 Utilisez la méthode de l'association pour tenter de déterminer si votre image onirique symbolise certaines de vos caractéristiques mentales ou émotionnelles. Des affections cutanées peuvent évoquer des sentiments négatifs à l'égard du monde extérieur, une coiffure élaborée la vanité et des dents une agression verbale.

4 Si votre image onirique se traduit par une transformation radicale d'apparence et de caractère, essayez de trouver l'idée sous-jacente qu'elle véhicule. Un changement de sexe, par exemple, peut induire qu'il vous faut développer le versant opposé de votre nature, tandis que se transformer en animal peut signifier la nécessité d'être plus réceptif à vos instincts.

La communication avec soi-même

Un quatuor à cordes ou une troupe de théâtre peuvent présenter un spectacle de qualité si les membres qui les composent ont du talent en tant qu'individus, mais c'est seulement en travaillant étroitement *ensemble*, en se faisant confiance et en s'aidant mutuellement qu'ils parviendront à la véritable perfection. De même beaucoup traversent la vie « en pilotage automatique ». Leur psyché, leur corps et leur esprit fonctionnent indépendamment, certes en collaborant, mais sans être à l'unisson.

Les turbulences de la vie peuvent être plus facilement surmontées, si les différentes facettes de la personnalité travaillent en harmonie.

L'impression que nous avons communément que notre cœur et notre tête suivent des voies distinctes, révèle de manière manifeste que les différentes facettes de notre personnalité souffrent de l'absence d'une communication satisfaisante. Se sentir d'une manière générale découragé, cruel ou blasé témoigne du même phénomène. Pour progresser vers la plénitude intérieure, nous devons consolider les relations entre notre psyché, notre corps et notre esprit en inaugurant de nouveaux canaux de communication. Nous établirons ainsi un contact plus étroit avec nos énergies instinctives.

Ces énergies, pulsions innées qui nous incitent à accomplir certaines actions, appartiennent à deux catégories : d'une part, les instincts élémentaires, comme le sexe, la faim et la peur du danger, et, de l'autre, des motivations plus complexes, comme l'amour, l'attrait du beau ainsi que notre sens moral. Si nous réfrénons ces instincts supérieurs (peut-être en choisissant de travailler tard, quand nous savons que nous devrions passer plus de temps à la maison), nos rêves peuvent nous rappeler nos véritables priorités, comme dans le cas exposé ci-contre. La communication avec soi-même consiste, en partie, à se

Panique dans la rue

Étude de cas numéro 7

La rêveuse est une femme au foyer, mère de famille qui a sacrifié sa carrière pour se consacrer à ses enfants, mais qui a le sentiment de ne pas être totalement réconciliée avec l'instinct maternel.

« Dans mon rêve, je promenais trois chiens en laisse, auxquels j'apprenais à répondre à un coup de sifflet. Je leur ai donc ôté leur laisse et, à ma grande stupéfaction, ils se sont aussitôt enfuis vers une rue très passante. Comme ils ne répondaient pas à mes coups de sifflet, je les ai appelés, mais j'ai soudain constaté que j'avais oublié leurs noms. Je me suis précipitée derrière eux paniquée, mais je les ai perdus en chemin. J'ai demandé à quelques personnes si elles les avaient vus, mais elles me regardaient comme si j'étais stupide. J'ai alors aperçu de l'autre côté de la rue un des chiens qui semblait se moquer de moi. »

Les animaux des rêves représentent souvent notre côté instinctif. Ce rêve indique peut-être que la rêveuse ne peut comprendre ou contrôler ses énergies instinctives. Elle a oublié comment appeler les chiens (elle ne se souvient pas de leurs noms). Il existe un danger dans sa perte de contrôle (la rue très passante), mais elle éprouve aussi des difficultés à communiquer ses problèmes aux autres. L'un des chiens a traversé la rue (devient encore moins accessible) et se moque d'elle, ce qui suggère que nous ne pouvons jamais être en paix avec nous-mêmes si nous perdons le contact avec le versant instinctif de notre vie.

mettre à l'écoute de nos énergies instinctives et à trouver de quelle manière permettre à nos instincts positifs de se développer, tout en continuant à soumettre les instincts négatifs au contrôle de la conscience.

La voix de l'instinct, toutefois, s'abîme souvent dans le brouhaha de nos inquiétudes quotidiennes. L'exercice ci-contre est un bon moyen d'encourager nos rêves à resituer ces problèmes dans leur véritable perspective. Réfléchissez aussi aux songes dans lesquels les personnages s'avèrent, après interprétation, représenter les différents aspects de votre personnalité. Notez le comportement qu'ils adoptent les uns envers les autres et utilisez une association directe (cf. page 78) pour découvrir quelles frictions internes ou quels aveuglements se manifestent dans ces personnages.

La méthode de la chaise vide (cf. page 87), qui permet aux différentes facettes de votre moi onirique de dialoguer, constitue une autre aide précieuse pour affronter les instincts négatifs ou les préoccupations persistantes découverts grâce à l'interprétation.

Demandez à vos rêves de poursuivre cette conversation, de la clarifier et d'apporter d'éventuelles solutions. Une fois ces problèmes identifiés, il faut essayer de les comprendre au niveau conscient.

Entretenir des relations saines avec les autres dépend aussi de la qualité de la relation que nous entretenons avec nous-mêmes. Nous pouvons penser parfois que nous savons communiquer nos pensées et nos sentiments. Mais notre inconscient est quelquefois plus perspicace et nous le fait savoir par l'intermédiaire des symboles de nos rêves : l'attente d'une lettre qui n'arrive jamais ou encore l'impossibilité d'entendre les autres ou de se faire entendre d'eux. Il n'est possible d'être en paix avec soi-même qu'en décelant à travers nos rêves les lacunes de nos modes de communication.

__Les différentes facettes__ de la personnalité, libres de s'exprimer dans les songes, s'engagent dans des discussions, des collusions et des débats permanents.

Actionnez l'interrupteur

EXERCICE 22

Cet exercice nous aide, sur la base de la visualisation, à identifier et à chasser les problèmes intérieurs révélés par notre travail de compréhension des rêves.
C'est un moyen de stimuler notre énergie intérieure, en mobilisant toutes les facettes constitutives de notre personnalité.

1 Fermez les yeux et imaginez une maison, la nuit. Vous êtes dehors, les fenêtres sont noires. Entrez et dirigez-vous vers la porte d'accès à la cave.

2 Arrêtez-vous un instant devant cette porte, en sachant qu'au-delà se tapissent vos problèmes et vos difficultés actuels. Surmontez votre malaise, ouvrez la porte et commencez à descendre l'escalier dans l'obscurité.

3 Au bas des marches, avancez à l'aveuglette en tâtonnant le long du mur jusqu'à ce que vous trouviez un interrupteur volumineux. Respirez profondément et actionnez-le.

4 Le sous-sol s'inonde alors d'une lumière éblouissante. Les problèmes, si menaçants dans l'obscurité, sont désormais inoffensifs.
Regardez tour à tour les images qui les symbolisent – des lettres à brûler, des souvenirs d'enfance à mettre au rebut...

5 Rassemblez ces objets et quittez la cave. Chaque pièce resplendit maintenant de lumière et il vous est facile de voir comment résoudre chaque problème. Demandez à vos rêves de vous donner l'énergie nécessaire pour entreprendre cette tâche. Ouvrez les yeux, revenez à la réalité empli de force et d'optimisme.

Faites des rêves plus paisibles

Nous retenons plus facilement les mauvais rêves que les rêves agréables et la plupart ont pour le moins quelque chose d'inquiétant. L'inquiétude, qui s'apparente véritablement à la peur, remplit une fonction utile en nous invitant à nous tenir sur nos gardes à l'approche du danger. Nos anxiétés peuvent toutefois échapper facilement à notre contrôle et se transformer en problèmes à part entière. Peut-être ne nous a-t-on jamais appris à les résoudre ou peut-être tiennent-ils à l'éducation que nous avons reçue. Leur origine peut résider dans la culpabilité que nous associons à notre besoin d'affection, dans la quête de la reconnaissance sociale et de la réussite et dans la soif d'acquérir des biens matériels. Dans le cadre de la vie professionnelle, l'anxiété peut évidemment être déclenchée par la nécessité de satisfaire à des exigences excessives, la précarité de l'emploi occupé ou d'autres incertitudes. Nous parvenons parfois à ignorer et à rationaliser ces anxiétés lorsque nous sommes éveillés. Cela nous est en revanche impossible dans nos rêves qui nous maintiennent en contact avec notre inconscient, en focalisant notre attention sur nos peurs les plus intimes et en nous offrant l'opportunité de les reconnaître et de les affronter. Une interprétation et une association attentives nous permettent, en orientant nos recherches au-delà des motifs apparents de nos angoisses, de découvrir la véritable raison, profondément ancrée, de nos difficultés.

Les préoccupations concernant la reconnaissance sociale, par exemple, font surface dans les rêves lorsque le rêveur se trouve ridiculisé, délaissé ou vêtu d'une tenue inadéquate. Les relations personnelles produisent un autre thème habituel : un rêveur cherche en vain la personne aimée dans une ville immense ou la trouve dans les bras d'un autre. L'insécurité et le sentiment d'être submergé par les responsabilités ou envahi par les autres peuvent être symbolisés par des

rêves dans lesquels le rêveur entame une chute, se noie, est enterré vivant ou écrasé par la foule. Ces anxiétés peuvent investir durablement notre vie psychologique. Les rêves nous les signalent jusqu'à ce que nous les transférions au niveau conscient. Ainsi, nous découvrons les raisons pour lesquelles nous nous heurtons à ces problèmes et nous pouvons élaborer une stratégie pour les surmonter.

Pour débrouiller les rêves de ce type, commencez par établir, d'abord par association directe (cf. page 78), si le symbolisme dont ils sont chargés concerne des faits que vous avez déjà appréhendés dans votre vie éveillée. Les anxiétés résultant de situations dont vous avez conscience sont généralement relativement faciles à reconnaître : par exemple, vous pouvez rêver d'un échec à un examen et constater que le rêve est lié à une peur réelle de laisser échapper une promotion importante. Les traumatismes oubliés ou

Maîtrisez *vos peurs intérieures en affrontant les révélations que vous dévoilent les rêves. Peut-être vos peurs ne s'évanouiront-elles jamais, mais vous serez capable de les ramener à de plus justes proportions.*

refoulés, quant à eux, se manifestent plus souvent sous une forme symbolique : si vous rêvez que vous êtes attaqué par des automates, cela signifie peut-être, au fond, que vous avez une tendance naturelle non reconnue à réprimer vos émotions. Les rêves de suffocation peuvent traduire l'impression que vous avez d'être dominé. Enfin, les rêves où vous tombez dans un piège à chaque coin de rue peuvent indiquer que vous êtes injustement induit en erreur par les autres.

Clef d'un songe

Demandez à un ami de parcourir votre journal des rêves et de sélectionner deux cauchemars ou rêves perturbants récents. Choisissez celui qui vous semble le plus dérangeant et tentez d'expliquer à votre ami pour quelles raisons. Pendant que vous comparez les deux rêves, encouragez votre collaborateur à vous poser des questions légèrement inquisitrices, qui peuvent vous mener à découvrir les inquiétudes profondément ensevelies que vous n'aviez pas encore identifiées.

Voir sa propre existence échapper à son contrôle est une source particulièrement commune de stress et, par voie de conséquence, de rêves chargés d'anxiété. Les rêves peuvent à la fois refléter ce stress et le vif désir du rêveur d'aborder le problème de façon constructive.

Si vos rêves concernent des anxiétés reconnues, examinez-les attentivement afin de déterminer s'ils vous suggèrent un moyen d'en finir avec votre état de vulnérabilité. Essayez de discuter de ces problèmes avec d'autres. Les anxiétés découlant de peurs non reconnues ou d'expériences passées refoulées nécessitent de procéder à une introspection plus approfondie : la conclusion à laquelle ils nous mènent consiste à nous accepter pour ce que nous sommes avant de déclencher un quelconque bouleversement. Malheureusement, le rêve qui révèle une anxiété ne renseigne pas nécessairement le rêveur sur ce qu'il doit entreprendre. Cependant, l'inconscient, si on le cajole, peut fournir certaines suggestions. Cessez de rechercher des solutions lorsque vous êtes éveillé et abandonnez-vous au sommeil en gardant ce dilemme présent à l'esprit. Conservez votre journal des rêves à portée de main, car les réponses, ou les bribes de réponses, peuvent apparaître déguisées dans un rêve sans aucun rapport ou prendre la forme de symboles qui demandent à être interprétés. Il peut se passer plusieurs nuits avant qu'une clef utile n'apparaisse dans vos songes, mais si vous vous armez de patience, vous serez récompensé. N'oubliez pas ensuite de remercier votre inconscient, qui, tout comme le conscient, a besoin d'encouragements pour se développer.

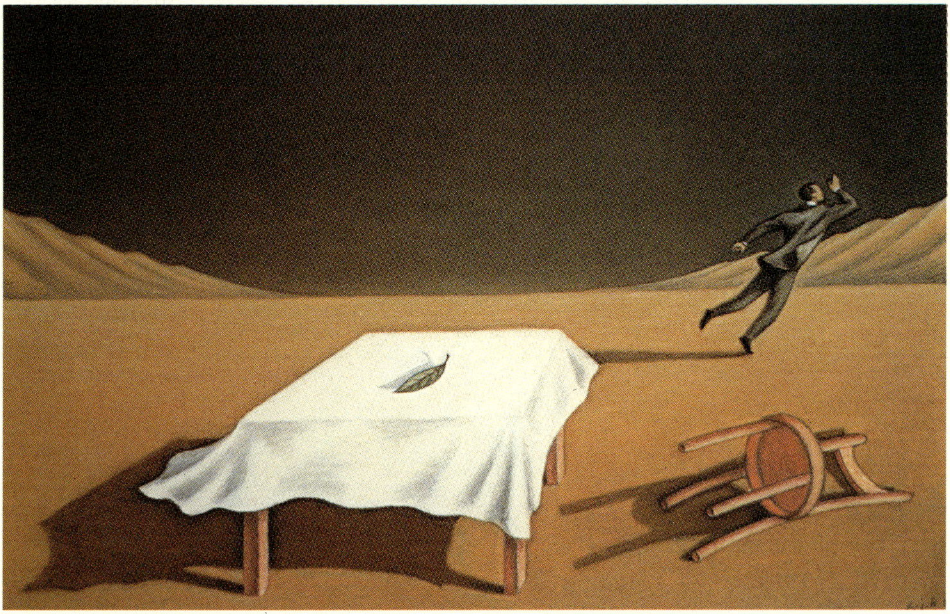

Il arrive parfois que notre malaise relève plus d'une « anxiété diffuse », d'un sentiment général de tension et de doute, que de problèmes spécifiques. Les rêves peuvent, dans ce cas, aider l'inconscient à améliorer la perception que nous avons de nous-mêmes, ce qui, par ricochet, rejaillira sur notre attitude consciente. Symbolisez par un dessin vos anxiétés et dites-vous qu'un artiste le reproduira dans le monde des rêves, de sorte qu'il représente le plus fidèlement possible la personne que vous voulez être. Guettez toute amélioration de votre image onirique, détruisez votre premier dessin et tracez-en un nouveau qui reflète ce changement. Classez-le dans votre carnet à croquis et notez parallèlement tout progrès qui survient à l'état éveillé. Les études de cas suivantes (p. 120-121) illustrent deux rêves d'anxiété. Le premier se rapporte à un problème de la vie quotidienne qui peut être réglé directement ; le second reflète une insécurité très profondément enfouie, qui ne peut être résolue que par un travail plus poussé avec l'inconscient.

Identifier *et isoler les anxiétés qui affleurent dans nos rêves sont des préalables indispensables si nous voulons nous libérer d'elles.*

Catastrophe dans un bureau

Étude de cas numéro 8

Le rêveur, directeur d'un organisme financier important, traverse une période de stress important, du fait d'une réorganisation interne.

« J'étais assis dans mon bureau, près de la fenêtre ouverte, lorsqu'un vent violent s'est mis à souffler. Mes papiers ont commencé à s'envoler et à s'échapper à l'extérieur du bâtiment. J'ai tenté de les rattraper, puis de fermer la fenêtre, mais elle était coincée. Je me suis précipité à travers le cadre à la poursuite de mes papiers. Mais au lieu d'être situé, comme dans la réalité, au rez-de-chaussée, mon bureau se trouvait dans les étages supérieurs et je me suis retrouvé accroché, dehors, à un minuscule rebord. Sous mes pieds, je voyais mes précieux documents se diriger inéluctablement vers le sol. J'appelai à l'aide, mais personne ne vint et j'ai entamé une chute interminable. »

Le rêve reflète le sentiment d'impuissance éprouvé dans le cadre du travail. Les papiers sont dérangés par des forces capricieuses (le vent) contre lesquelles il ne peut rien (la fenêtre est coincée). En s'affirmant (rattraper les documents), il risque sa place, déjà incertaine (son bureau est situé au sommet de l'immeuble). Il sent qu'il n'a pas d'alliés au travail : personne n'est là pour l'aider alors qu'il se cramponne frénétiquement. Le rêve a aidé le directeur à reconnaître qu'il était sous tension, l'a incité à faire le point sur sa situation et à consacrer plus de temps à gérer plus efficacement les problèmes qui le perturbent le plus.

Trahison dans un parc

Étude de cas numéro 9

La rêveuse est une femme active d'une quarantaine d'années qui a récemment subi un choc émotionnel causé par la rupture d'une longue relation.

« C'était une journée ensoleillée et je me rendais à pied dans mon restaurant favori, situé près de chez moi. Au niveau du restaurant, il ne restait plus qu'un mur blanc. Troublée, j'ai fait demi-tour. Mais la rue familière avait disparu et je me suis retrouvée dans un jardin public désert. Le ciel était devenu gris. Un sentiment de terreur s'est alors emparé de moi, comme si quelque chose d'horrible allait se produire. Incapable de trouver une sortie, j'ai vu apparaître, à mon grand soulagement, un des gardiens du jardin, qui marchait devant moi le long d'un sentier sinueux. J'ai alors tenté de le rattraper, mais il continuait à avancer. Désespérée, je lui ai empoigné le bras, mais il s'est désintégré et nous sommes tombés dans une sorte de tombe béante. »

Ce rêve est assez caractéristique des cauchemars : être perdu (les repères disparaissent), la transformation (un ciel sombre a englouti le soleil), être pris au piège (il n'y a pas d'issues pour sortir du parc), et un refuge ou une personne bienveillante (le gardien du jardin) devient un objet d'épouvante pire encore que celui qu'elle voulait fuir. L'interprétation a révélé que la rêveuse nourrissait des sentiments d'insécurité qui l'empêchaient de faire confiance aux autres. La rêveuse a finalement pris conscience que l'amélioration de sa situation dépendait en partie de sa capacité à recouvrer confiance et à maîtriser ses sentiments amoureux.

Comment neutraliser les cauchemars

Bien qu'ils soient fort déplaisants, les cauchemars ont leur utilité : ils attirent notre attention sur les peurs et les appréhensions qui couvent dans notre inconscient et influencent notre vie éveillée. Même si le contenu effectif d'un rêve semble inoffensif, tous les rêves qui véhiculent une impression de menace, un sentiment de terreur ou d'aversion peuvent être assimilés à des cauchemars. Le rêveur se sent souvent impuissant face au péril qui le menace, même si celui-ci ne se concrétise jamais.

Le thème de cauchemar le plus récurrent dans les récits des rêveurs concerne les situations dans lesquelles ils sont poursuivis ou paralysés. Certes, on peut avancer que le rêveur prend conscience, au niveau subliminal, du relâchement musculaire qui accompagne le rêve. Toutefois, l'explication selon laquelle le cauchemar fait émerger la peur viscérale de se retrouver impuissant face au danger, comme un lapin piégé dans la lumière aveuglante des phares d'une voiture arrivant à toute vitesse, nous semble plus plausible.

L'agression *est un thème de cauchemars courant. Une rixe peut refléter une situation conflictuelle entre les instances consciente et inconsciente du rêveur.*

On constate paradoxalement que certains rêves effrayants n'éveillent aucune émotion forte. L'interprétation ultérieure montre que ces événements alarmants n'ont, au fond, rien de terrifiant. Ainsi, rêver de tuer un agresseur peut figurer la faculté de surmonter les obstacles. Si vous êtes troublé par un cauchemar récurrent, vous pouvez à l'état éveillé invoquer l'apparition d'un « allié » qui se mettra à votre disposition dans vos rêves pour vous aider à chasser ou vaincre vos peurs. L'exercice présenté ci-contre a pour objet de vous aider à le trouver.

Assurez-vous le concours d'un allié

EXERCICE 23

Les thèmes ou les détails précis qui se répètent dans les rêves, parfois durant des années, sont les indices d'un problème latent qui réclame une solution. Un allié onirique peut vous assister dans vos rêves à identifier cette difficulté et à la surmonter.

1 Créez l'image d'un personnage, d'un homme, d'une femme ou d'un animal, dont vous souhaiteriez qu'il vous aide à débrouiller votre vie onirique perturbée. Il peut être entièrement imaginaire ou inspiré par la réalité. Votre allié peut être un personnage mythologique, un héros de cinéma ou de la littérature, ou encore une personne que vous avez déjà rencontrée en rêves. Visualisez votre allié aussi précisément que possible et réfléchissez au nom qui lui conviendrait le mieux.

2 Imaginez que vous rejoignez l'univers des rêves et que vous invoquez votre allié. Soyez convaincu que tout ce qui peut vous effrayer va désormais se transformer en quelque chose d'inoffensif. Assignez à votre allié la mission de vous aider à effectuer cette transformation, en chassant le démon par exemple.

3 Imprégnez-vous de l'idée que c'est exactement ce qui se produira la prochaine fois que le rêve surviendra. Lorsque vous vous endormirez, souvenez-vous que votre allié vous rejoindra si nécessaire.

4 Engagez votre allié à vous accompagner également dans tous les rêves agréables que vous faites régulièrement. Ces derniers témoignent souvent d'un désir d'une meilleure connaissance de soi. Demandez à votre ami onirique de vous aider à déchiffrer le progrès dont le rêve est porteur.

Les rêves chez les enfants

Les enfants rêvent souvent et leurs rêves sont particulièrement vivants. En fait, il est difficile parfois de déterminer, chez les très jeunes enfants, la frontière qui sépare les souvenirs des rêves de l'imagination à l'état éveillé. Mais il n'y a en revanche aucun doute quant à la fascination qu'exerce le rêve sur les enfants. Il satisfait en effet leur attirance pour le magique et le mystère, et leur promet chaque nuit un voyage riche en surprises et en énigmes.

La croissance et le développement des enfants passent par une série de phases dont chacune correspond à un apprentissage différent et spécifique. Il est important pour eux de saisir ces opportunités, parce que plus nous vieillissons, plus il nous est difficile d'apprendre. Rêver est fondamental. Si nous encourageons nos enfants à se remémorer et à maîtriser leurs rêves dès leur prime enfance – tant qu'ils sont curieux –, nous pouvons leur éviter d'avoir à fournir des efforts bien plus importants, quand ils seront grands.

Apprenez à votre enfant à mieux rêver

Les enfants peuvent utiliser les mêmes méthodes que les adultes, du journal des rêves au recours à un allié, pour affronter les cauchemars. Les parents, ainsi que les autres adultes de leur entourage, peuvent leur apporter une aide efficace s'ils respectent les quelques conseils simples suivants :

✳ Invitez les enfants à vous raconter leurs rêves et écoutez-les attentivement. Les enfants apprennent l'essentiel auprès d'adultes qui leur importent.

✳ Résistez à la tentation de dire aux enfants que leurs rêves sont « ineptes » ; en revanche, assurez-les que leurs rêves et les sentiments qu'ils suscitent ont une réelle importance.

✳ Suggérez-leur qu'ils peuvent orienter leurs rêves. Cette aptitude n'est exploitable que si l'on croit à ses chances de réussite, aussi, efforcez-vous de ne pas semer le doute dans leurs jeunes esprits.

✳ Racontez aux enfants vos propres rêves. Ils aiment les écouter. En outre, cette conversation au saut du lit leur paraîtra à la fois fascinante et constructive.

✳ Ne dites jamais qu'un cauchemar « n'était qu'un rêve », formule certes réconfortante mais qui en banalise l'expérience. Prêtez une oreille attentive aux

peurs de l'enfant, rassurez-le tendrement et expliquez-lui alors que les créatures terrifiantes que nos rêves abritent n'ont pas l'intention de nous effrayer. Aidez les enfants à se créer un allié (cf. page 123), qui vaincra, à leurs côtés, les créatures du rêve désagréable.

✳ *Ne vous évertuez pas non plus à interpréter les rêves des enfants. Appréhendez-les de façon positive, plutôt que de vous inquiéter du fait qu'ils révèlent certains aspects de leur personnalité qu'ils ne comprennent pas. Vous pouvez cependant leur expliquer qu'un événement survenu dans un rêve peut représenter autre chose. Poser la question : « Qu'est-ce que ça représente ? » ou bien « Qu'est-ce que ça peut vouloir dire ? » est sans danger.*

✳ *Si l'enfant manifeste un intérêt réel pour l'exploration de la signification des rêves, utilisez les contes de fées, qui présentent les mêmes qualités archétypiques que les mythes et les légendes, comme base de l'amplification (cf. page 96).* Cendrillon, *par exemple, est le triomphe du bien et de la grâce sur le mal.* Jacques et la Tige de haricot *démontrent que l'innocence peut apporter de plus belles récompenses que le matérialisme et met en exergue la valeur du courage et de l'esprit créatif ; il indique aussi notre désir de découvrir les richesses de nos propres personnalités. Racontez ces histoires à vos enfants, discutez ensemble des significations plus profondes qu'elles recèlent et incitez-les à guetter leur apparition dans leurs rêves.*

Le fruit défendu

Étude de cas numéro 10

Ce rêve est celui d'un jeune garçon, décrit par ses professeurs comme un élève plutôt renfermé et distrait.

« Nous longions avec quelques amis un mur élevé. En l'escaladant, j'ai aperçu une grande maison et un homme devant la porte. Il a dit qu'ils avaient ramassé toutes les pommes, qu'elles étaient maintenant dans la maison et que si j'entrais, je pourrais en avoir quelques-unes. Mais alors, j'ai répondu que j'avais peur et l'homme m'a traité de poltron. J'ai cru entendre mon père. J'ai demandé si mes amis pouvaient me suivre, mais il a refusé parce que leurs chaussures étaient crottées. Je me suis réveillé. »

Le rêve met en relief plusieurs facettes caractéristiques de l'enfance. Il révèle tout d'abord les sentiments omniprésents d'être exclu (le mur élevé), de l'aventure (escalader le mur) et l'attrait pour les choses interdites (les pommes chez autrui) ; la peur des étrangers (l'homme devant la porte), de la critique (être traité de poltron), des punitions infligées par les parents (j'ai cru entendre mon père), et la transgression des règles des adultes (faire entrer la saleté). La présence d'éléments si nombreux dans un seul rêve illustre la nature parfois complexe des émotions ressenties par les enfants et donne aux adultes des clefs importantes pour comprendre l'univers chaotique de l'enfance.

La pression de l'entourage

Étude de cas numéro 11

Ce rêve d'une fillette de onze ans, âge auquel être apprécié par ses camarades peut compter plus que tout, est typique des rêves d'angoisse.

« Des filles de notre classe se bagarraient dans la cour. J'ai obéi à ma mère qui me disait de leur jeter de l'eau, comme on fait pour séparer les chats. Elles se sont alors lancées à ma poursuite. Il y avait derrière la maison un escalier qui n'existe pas dans la réalité. J'ai commencé à gravir les marches, mais l'escalier s'est transformé en un escalator qui descendait et je n'arrivais pas à monter. Les filles m'ont rattrapée et m'ont prévenue qu'elles allaient mettre le feu à mes cheveux. Elles ont gratté des allumettes et j'ai eu très chaud à la tête. J'ai appelé ma mère au secours et c'est ce qui m'a réveillée. »

La rêveuse pense que les adultes sont des personnes autoritaires (la bagarre doit s'arrêter) et qu'ils ont peu de respect pour les enfants (la mère traite les fillettes comme des animaux). Elle obéit (elle jette de l'eau aux fillettes), mais elle sait qu'elle ne peut échapper à ses camarades de classe (les escaliers n'existent pas dans la réalité et se transforment en un escalator qui descend). Sa peur d'être rejetée par les fillettes de sa classe ainsi que sa lucidité quant à leur agressivité se traduisent dans l'expérience du cauchemar par leur volonté de lui brûler les cheveux. Il conviendrait d'encourager la fillette à exprimer sa peur d'être rejetée par ses camarades d'école.

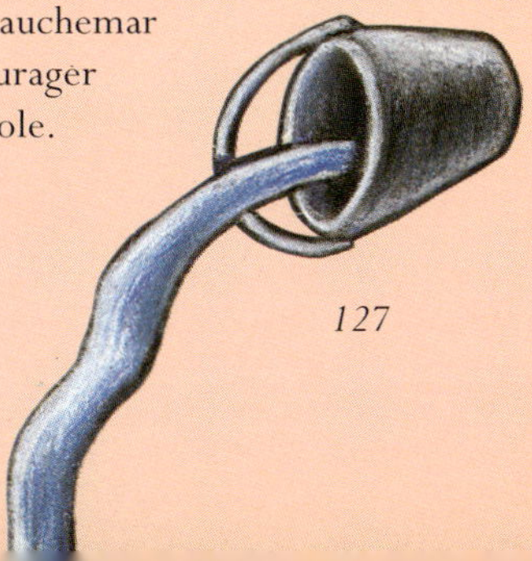

L'aide de l'inconscient

« Nos rêves sont étrangement indépendants de la conscience et extrêmement intéressants parce qu'ils ne trichent jamais. »
Carl Jung

Vous êtes l'un de vos meilleurs professeurs. Personne ne saurait vous connaître mieux que vous-même. Cette connaissance de soi est en grande partie inscrite dans l'inconscient, le compagnon de toujours du conscient ; il constitue un immense réservoir de souvenirs effacés depuis longtemps de la conscience. Si vous écoutez votre inconscient, vous pourrez puiser dans cette réserve de savoir. Les méthodes décrites dans cet ouvrage, dont beaucoup sont inspirées de traditions millénaires, ont pour objet de vous familiariser avec ce professeur par l'intermédiaire de votre vie onirique.

L'étape finale du processus qui consiste à apprendre à rêver vise à extérioriser la sagesse de l'inconscient, à l'utiliser pour les problèmes qui affectent notre bien-être et nos relations avec autrui. Notre inconscient ne peut répondre à toutes nos interrogations dans ces domaines : nos rêves sont le reflet de notre intuition et de ce que nous avons appris dans la vie éveillée, mais ils ne sont pas omniscients. Nous pouvons en revanche apprendre à écouter les messages qu'ils transmettent et les solliciter activement. Si l'inconscient est susceptible de nous fournir les réponses que nous cherchons, il nous faut savoir qu'elles peuvent ne surgir que des minutes, des heures, voire des mois plus tard, que ce soit dans les rêves ou dans la vie éveillée. Les interpréter s'avérera peut-être ardu, mais pour paraphraser Jung, l'inconscient est un courtier intègre dont les réponses ne peuvent nous abuser.

Accédez à votre intériorité

L'image de la mer *est capable de faire naître chez nous tous des réponses imaginatives, ce qui pourrait expliquer pourquoi les personnes résidant à l'intérieur des terres se rendent fréquemment sur le littoral. Bouillonnante de vie et réservant bien des surprises, la mer symbolise de manière pertinente l'inconscient.*

Production pour une large part de l'inconscient, l'imagination créatrice peut aussi nous indiquer comment y accéder. Si nous suivons la voie qu'elle nous trace, nous parviendrons peut-être à établir une meilleure communication avec notre moi intérieur et à déclencher des expériences oniriques plus profondes et plus intenses. S'immerger dans le monde créatif des autres est l'un des moyens d'exercer l'imagination : la visite d'une galerie d'art peut fournir une abondante matière première pour l'inconscient créatif. Cependant, l'exploitation de vos propres capacités de création vous assurera des résultats plus personnels. Il n'est pas nécessaire que vous rédigiez des poèmes ou que vous composiez des tableaux : l'imagination créatrice sous-tend toutes nos pensées.

Les quatre éléments – la terre, l'air, le feu et l'eau – constituent pour notre imaginaire un bon point de départ, dans la mesure où ils représentent la structure archétypique principale de notre perception du monde. Fondements tangibles de tout être animé et de tout objet inanimé, ils occupent une place fondamentale dans la psyché humaine. Des quatre éléments – tous supports foisonnants d'associations –, l'eau est particulièrement riche car elle est le symbole archétypique de l'inconscient. Dans de nombreuses cultures, les créatures marines incarnent l'illumination : le poisson, par exemple, était le symbole de la Chrétienté primitive, tandis que le dauphin symbolise le sauveur qui permet à l'âme de se survivre à elle-même. L'exercice ci-contre est fondé sur l'eau, mais vous pourriez concevoir un exercice autour de l'un des autres éléments.

Plongez avec un dauphin

EXERCICE 24

Cet exercice de visualisation, construit autour d'une immersion symbolique dans l'inconscient, a pour objet de nous ouvrir la voie d'un accès plus direct à la signification et au mystère de notre personnalité intime.

1 Visualisez, par une journée ensoleillée, un poisson volant ou un dauphin bondissant sans cesse à la surface limpide d'une mer calme, pour ensuite replonger dans les eaux sous-marines.

2 Après un instant plongez, en imagination, dans la mer en suivant le poisson ou le dauphin. Gagnez les eaux profondes où vous croisez des cités et des navires engloutis, des sirènes et même Neptune en personne.

3 Regardez nager le petit poisson qui vous précède, vous ne faites qu'un avec l'eau, comme si vous absorbiez une mystérieuse sagesse par tous les pores de votre peau. Écoutez la mélodie lointaine de la mer, le chant des baleines, l'appel envoûtant des sirènes. Prenez conscience que l'eau, au même titre que l'air, le feu et la terre, est un des éléments constitutifs de votre corps et de votre esprit.

4 Remontez lentement, laissez-vous flotter à la surface où vous sentez l'eau clapoter autour de vous. Respirez calmement et laissez l'air circuler dans vos poumons. Voyez au loin les contours de la côte, et goûtez la chaleur du soleil. Concentrez-vous successivement sur chacun de ces quatre éléments et réfléchissez à leurs différentes propriétés, sans oublier que l'inconscient est votre lieu autant que l'est votre conscient.

Racontez et écoutez les rêves

Le vieil adage, selon lequel un problème partagé est à demi résolu, vaut tout aussi bien dans notre vie éveillée que dans l'univers des songes. Discuter de vos rêves avec un ami ou un intime peut vous aider à vous les remémorer plus en détail et à déboucher sur une interprétation. Cette personne doit être digne de confiance et ne formuler ni jugement ni censure, quelle que soit l'étrangeté de votre récit. Racontez-lui votre rêve en essayant de vous souvenir d'un maximum d'éléments, indiquez-lui les émotions que vous avez ressenties et sa tonalité générale. Vous êtes-vous comporté comme vous l'auriez fait dans la réalité ? Si le rêve est resté inachevé, quelle fin auriez-vous souhaitée ? S'il ne vous a pas totalement satisfait, quelles améliorations auriez-vous désiré introduire ? Vous pouvez alors créer des associations directes à partir de la plupart des images et des événements les plus évocateurs du rêve et engager une discussion sur les interprétations possibles. Il est important d'aider à votre tour le rêveur que vous écoutez à se remémorer ses rêves aussi complètement que possible. Formulez des questions ouvertes du type : « Comment réagissais-tu à tel événement ou face à tel personnage ? » ou bien « Comment aurais-tu souhaité voir le rêve se terminer ? », qui l'aideront à l'interprétation. Suggérez-lui spontanément quelques idées, mais toujours sous forme d'interrogations, par exemple : « Cela m'inspire telle et telle réflexion. Qu'en penses-tu ? » N'oubliez jamais qu'il s'agit du rêve d'une autre personne et que le rêveur est le seul, en dernier ressort, à pouvoir l'interpréter.

***Encouragez vos amis** à vous raconter leurs rêves en vous en communiquant une version la plus détaillée possible. Aidez-les, en les incitant à se concentrer sur les événements situés en amont et en aval d'un trou de mémoire et ne vous précipitez surtout pas pour asséner votre propre vision des choses.*

Partagez un rêve diurne

EXERCICE 25

Partager un rêve à l'état éveillé, en vous guidant mutuellement dans l'élaboration d'une visualisation, est un bon exercice à pratiquer avec un ami. Les rêves diurnes peuvent aider à une meilleure connaissance de soi.

1 Informez votre partenaire de la destination que vous souhaitez rejoindre – montagnes, littoral, cité imaginaire –, et tenez-vous prêt à le ou la laisser vous y conduire en imagination.

2 Votre partenaire devra vous fournir des détails, mais s'interrompre systématiquement pour vous demander d'en donner à votre tour. Écoutez-vous l'un l'autre à mesure que vous échafaudez votre vision. Par exemple, un voyage vers une cité imaginaire peut débuter ainsi :

VOTRE PARTENAIRE : *Imagine que tu te trouves à l'extérieur d'une grande cité dont les murs d'enceinte sont immenses. Mais le portail d'entrée en face de toi est grand ouvert. Tu remarques un rassemblement à proximité. Que font ces gens ?*

VOUS-MÊME : *Ils portent des vêtements typiques du Moyen Âge et sont en train d'acheter et de vendre des céréales et du bétail.*

VOTRE PARTENAIRE : *Maintenant, entre dans la cité et marche un moment dans une rue. Tu t'arrêtes pour discuter avec un passant. Qui est-ce ? Que lui dis-tu ?*

VOUS-MÊME : *C'est une femme âgée toute frêle qui marche avec une canne. Je lui demande de m'indiquer ma route jusqu'au palais royal. J'ai aujourd'hui une audience avec le roi.*

3 Soyez prêt à vivre une expérience qui se révélera de plus en plus vivante et riche en surprises. Vous pourrez ensuite interpréter la plupart des images visualisées comme s'il s'agissait d'un véritable rêve.

Les relations avec les autres

Nos relations avec les autres nous éclairent souvent sur la signification de nos rêves. Cependant, dans la mesure où ces thèmes prennent le masque des symboles, il nous arrive de ne pas reconnaître le sujet véritable de notre rêve. Même les objets inanimés peuvent quelquefois représenter des individus, tandis que certaines facettes de la propre psyché du rêveur peuvent s'incarner dans d'autres personnes, qui, dans le rêve, perdent leur identité initiale. Si nous parvenons à démêler les messages véhiculés par les rêves, nous aurons la chance d'appréhender avec plus d'efficacité et de lucidité nos problèmes relationnels.

Discuter avec un ami intime des significations possibles d'un rêve peut permettre d'engager un débat, dont l'amorce pourrait autrement s'avérer délicate et pénible, même si le contenu du rêve en question ne concerne en rien votre relation. Lancez la conversation en prenant pour postulat que ce rêve avait trait à votre relation. Que semble-t-il signifier ? Répondre ensemble à cette question peut mettre à jour des inquiétudes ou une richesse potentielle dont il vous reste à poursuivre l'exploration. En discutant de ce rêve et de notre relation avec cette personne, nous offrons aussi à notre vie onirique une clef pour l'avenir et nous lui suggérons de nous dévoiler des indices supplémentaires.

Comme dans tous les domaines du rêve, nous ne pouvons nous autoriser des interprétations péremptoires : le même rêve peut indiquer à l'un la nature destructrice d'une relation en cours, mais suggérer à l'autre la nécessité d'adopter de nouvelles approches. C'est pourquoi seules les techniques de l'association directe et, le cas échéant, de l'amplification (cf. page 96), pourront élucider la signification exacte du rêve.

Clef d'un songe

Imaginez-vous en voyage avec votre ami. Il se transforme brusquement en cheval sauvage. Pourquoi cette transformation ? Comment persuader le cheval de redevenir votre aimé ? Réfléchissez à vos réponses et demandez à vos rêves d'autres variations sur le même thème.

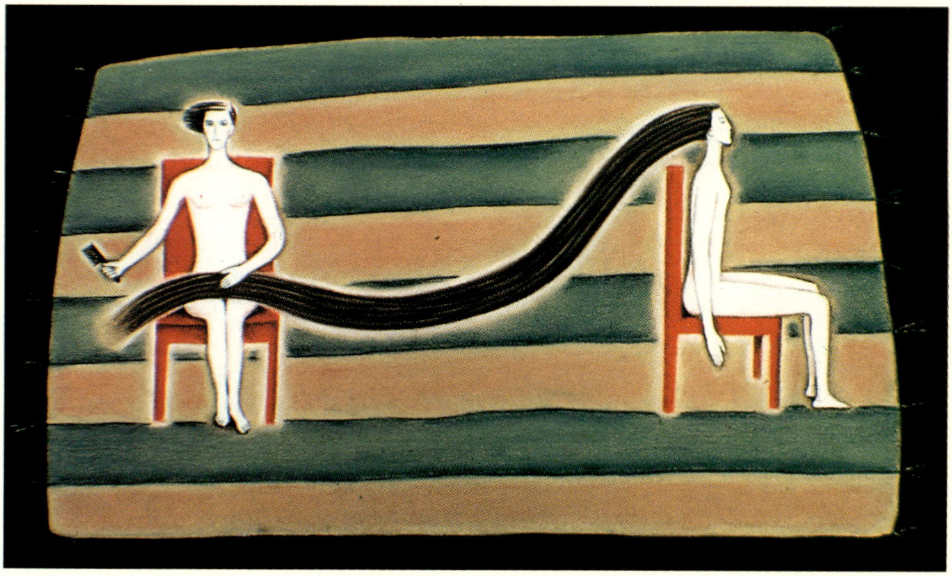

La relation harmonieuse *que vous partagez avec votre ami intime dans la réalité peut se refléter dans les rêves à travers des actes simples et tendres du quotidien.*

Si vous considérez qu'un personnage de l'un de vos rêves représente effectivement votre ami, réfléchissez soigneusement afin de déterminer si son comportement dans le rêve représente la manifestation de sentiments latents à votre égard. Parce que vous êtes l'auteur de ce rêve il est mieux à même de vous dévoiler vos insécurités personnelles méconnues ou d'attirer votre attention sur un point de votre relation que vous avez peut-être remarqué, mais choisi d'ignorer. Aussi, la froideur et l'indifférence, manifestées dans le rêve par votre ami, peuvent-elles mettre en lumière vos propres peurs de perdre son amour et vous suggérer de renouer la confiance ou de dissiper vos anxiétés. Nous faisons souvent, après une rupture ou après le décès d'un être cher, des rêves récurrents, dans lesquels nous le perdons parmi la foule ou dans des paysages désolés. Même si ces rêves nous laissent au réveil un sentiment de tristesse, ils nous aident réellement à faire le deuil de cette personne.

Les rêves peuvent également attirer notre attention sur des individus susceptibles de jouer un rôle dans nos vies, en les mettant en évidence, mais souvent de façon inattendue. Notre inconscient peut avoir repéré la possibilité d'une amitié ou d'intérêts communs négligée.

L'amplification, appliquée aux rêves relationnels, produit souvent des associations dont les thèmes sont classiques, comme l'histoire d'Héro et de Léandre, amants grecs qui vivaient chacun sur une rive opposée de l'Hellespont, l'actuel détroit des Dardanelles. Léandre traversait à la nage l'Hellespont chaque nuit, en se guidant à la lueur d'une lampe placée sur la berge, afin de rejoindre Héro. Par une nuit d'orage, la lumière s'éteignit et Léandre périt noyé. Anéantie par le chagrin, Héro le rejoignit dans la mort, au fond des eaux. Un tel mythe peut signaler les dangers de la passion ou l'expérience douloureuse de la fin d'un amour. De nombreux parents font souvent des rêves anxieux concernant leurs enfants – ils les perdent dans la foule ou les voient blessés. Ces rêves traduisent des anxiétés naturelles. Mais ceux dans lesquels les parents agressent eux-mêmes délibérément leurs enfants sont plus difficiles à interpréter. Loin de manifester des sentiments d'hostilité enfouis, les rêves de ce type mettent fréquemment l'accent sur les peurs méconnues des parents de les étouffer ou de les inhiber de quelque façon. Une fois que l'inconscient a mis en évidence cette inquiétude, il revient au rêveur de décider au niveau conscient comment agir.

Les tensions cachées *de nos relations avec les autres peuvent affleurer dans nos rêves. Cependant, il convient de garder présent à l'esprit que notre inconscient a tendance à représenter d'autres difficultés de notre vie sous la forme de problèmes relationnels.*

Les rêves, enfin, peuvent être le lieu de l'accomplissement de désirs, ce qui, pour Freud, représentait une fonction importante du rêve. Les rêves centrés sur le comportement amoureux de ceux qui nous attirent ou à qui nous sommes indifférents sont, d'ordinaire, destinés à libérer notre énergie émotionnelle, plutôt qu'à prodiguer des conseils quant à notre comportement à l'état de veille. Beaucoup de personnes reconnaissent qu'une analyse minutieuse des rêves qui mettent en scène leurs relations est utile à la compréhension de la nature sous-jacente de leur vie affective.

Classez les relations évoquées dans les rêves

EXERCICE 26

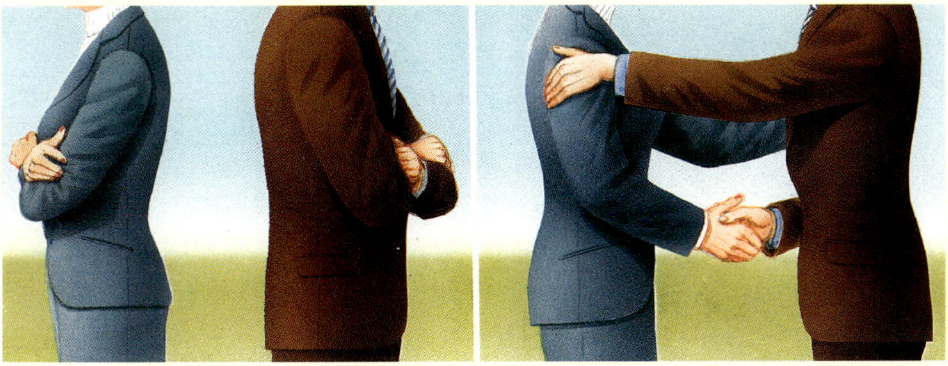

Bien des rêves, outre leur signification sociale immédiate, révèlent la manière dont notre inconscient appréhende le monde social. L'objectif de l'exercice suivant est de vous aider à les découvrir.

1 Faites l'inventaire des différents personnages, à la fois réels et imaginaires, apparus dans vos songes, en feuilletant votre journal. Réfléchissez à leur conduite et aux sentiments qu'ils vous inspiraient. Par exemple, se montraient-ils bienveillants ou hostiles, sereins ou en proie à la panique, coopératifs ou bornés ? Répertoriez chaque personnage sous la rubrique appropriée.

2 Repérez à présent la catégorie prédominante parmi celles que vous venez d'établir. Votre liste suggère-t-elle, par exemple, une tendance inconsciente à considérer que les êtres sont généralement bienveillants, hostiles ou encore critiques ? Indiquent-ils une attirance pour un sexe en particulier ou une classe d'âge ?

3 Demandez-vous si ces tendances inconscientes correspondent à l'impression que vous en avez à l'état éveillé. Un individu qui se définit comme aimable et secourable, par exemple, peut être amené à constater que ses rêves réfléchissent de lui une tout autre image.

4 Si vous avez le sentiment que vos rêves révèlent la nécessité de modifier votre attitude à l'égard des autres, revivez éveillé quelques événements survenus dans vos rêves. Imaginez que les personnages qui vous représentent le mieux se comportent de façon plus positive les uns envers les autres.

Les rêves à contenu sexuel

Une rencontre fortuite avec un bel étranger, un accès de tendresse ou de passion, faire l'amour en public, dehors ou dans un lieu inconnu, être séduit par un objet de désir inaccessible : ces fantasmes érotiques peuvent jaillir de l'inconscient dans des rêves particulièrement vivants. Nous sommes parfois surpris, voire choqués, de constater que nos rêves expriment une pulsion ou une attraction sexuelle que nous n'avons jamais admise dans notre vie éveillée.

__L'harmonie sexuelle__ contribue de façon considérable à la plénitude de l'être. Ainsi, les rêves de ferme et d'animaux s'apparentent souvent, aussi surprenant que cela puisse paraître, aux thèmes archétypiques de la fertilité et donc de la sexualité.

Un certain nombre de psychologues se rallient aujourd'hui aux théories freudiennes, qui confèrent une importance capitale à la sexualité. Pour Jung, beaucoup d'archétypes sont connotés sexuellement du seul fait qu'ils sont liés à la créativité et la fécondité. Quelle que soit la théorie que l'on soutienne, la puissance de nos instincts sexuels et nos difficultés persistantes à les maîtriser suffisent à expliquer la prééminence du thème de la sexualité dans les rêves.

Outre le fait qu'ils libèrent des tensions ou des énergies réprimées à l'état éveillé, les rêves à contenu sexuel peuvent également symboliser des désirs plus profonds, comme celui d'une vie harmonieuse avec l'être cher. L'exercice ci-contre propose, en associant énergies sexuelles et visualisation, un moyen d'explorer ces thèmes en vue de renforcer nos liens affectifs avec la personne aimée.

Les rêves centrés sur l'acte sexuel peuvent constituer un exutoire de notre désir de nous exprimer de façon créative, de devenir plus perméable aux sentiments et sensations incarnés dans le sexe opposé (la composante féminine de la psyché masculine, la composante masculine de la psyché féminine), ou même de communier avec Dieu, ou avec les dieux.

La flamme de l'amour

EXERCICE 27

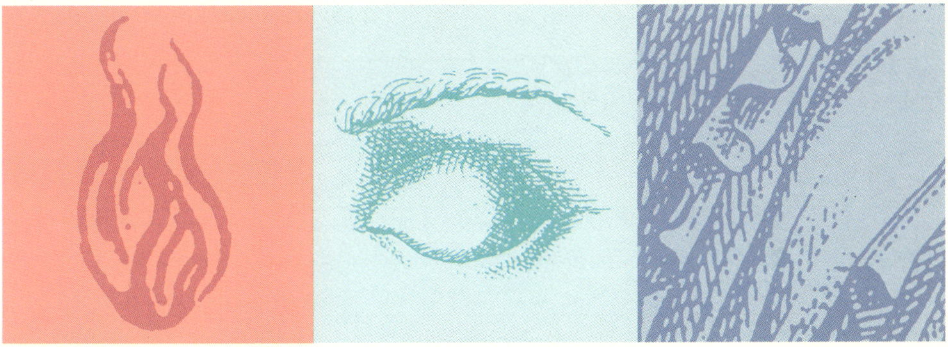

Cet exercice est inspiré d'une technique tantrique ancienne et a pour objet de faire apparaître l'image de la personne que vous aimez dans le monde de vos rêves.

1 Placez une bougie allumée sur une table ou un support approprié et asseyez-vous en face, à environ un mètre. Fermez les yeux et respirez profondément jusqu'à vous sentir tout à fait serein. Persuadez-vous que vous n'êtes ni éveillé ni en train de rêver, mais dans un état de conscience qui englobe les deux situations.

2 Ouvrez les yeux, regardez la flamme de la bougie, puis fixez-la sans cligner. Imaginez que la flamme prend l'apparence de l'homme ou de la femme que vous aimez. Ce sera plus simple pour vous de vous le ou la figurer les bras relevés et les mains jointes. Si la flamme vacille, imaginez que votre bien-aimée exécute une danse ondulante, en vous fixant résolument droit dans les yeux.

3 Faites le vide, concentrez-vous sur l'expérience visuelle et ne perdez pas de vue que votre état d'esprit embrasse à la fois l'éveil et le rêve. Ainsi, vous favoriserez l'apparition de la personne aimée dans vos rêves.

4 Poursuivez l'exercice encore au moins cinq minutes et efforcez-vous, en le prolongeant si possible jusqu'à quinze minutes ou plus, de le répéter quotidiennement. Faites le maximum pour éviter de cligner des yeux et maintenez le vide dans votre esprit.

5 Familiarisé avec cette technique, vous verrez la flamme disparaître totalement au profit de l'être cher qui se matérialisera alors devant vous.

Progressez vers le bien-être

Les réminiscences de rêves désagréables sont en général deux fois plus nombreuses que celles des rêves agréables. Les rêves dérangeants n'expriment pas pour autant des déséquilibres psychologiques. L'inconscient a simplement utilisé le rêve pour attirer l'attention sur les aspects insatisfaisants de nos vies intérieures : la situation n'est pas idéale et il faut agir pour l'améliorer. Notre capacité à affronter le changement, et les insécurités et incertitudes qu'il induit, est un pilier de notre bien-être psychique. Les rêves deviennent souvent particulièrement vivants et dérangeants, lorsque surviennent des bouleversements majeurs dans nos vies – l'adolescence, un nouvel emploi, le mariage, la naissance d'un enfant, le divorce, un deuil et le départ à la retraite. Les rêves de ce type représentent certaines étapes du processus d'adaptation de l'inconscient, et nous donnent des indications utiles sur l'attitude à adopter.

Les rêves nostalgiques *peuvent témoigner des sentiments de perte que nous éprouvons au fil de notre existence et nous obliger à faire le deuil d'objets qui nous étaient précieux.*

Orientez ces rêves afin de leur conférer un contenu plus positif en réfléchissant ou en méditant chaque jour sur les symboles de la transformation que sont notamment la succession des saisons, la renaissance, la métamorphose et la régénération. Immergez-vous dans les mythes qui sont porteurs de ces thèmes, la légende d'Isis et d'Osiris, de Déméter et de Perséphone, de Cupidon et de Psyché, et même le récit de La Belle au bois dormant. Faites-vous à l'idée que le changement est synonyme de dynamisme et de nouveauté. Ainsi, vos rêves présenteront ces thèmes sous un jour sensiblement plus positif. Le bien-être psychique étaye notre capacité à travailler, à nous détendre et à entrer en relation avec les autres. Les rêves ne peuvent en revanche nous aider systématiquement à régler tous nos problèmes psycholo-

giques : ils se bornent parfois à nous signaler l'existence d'une situation conflictuelle et perturbée, enfouie, qui nécessite que nous la résolvions avec, sans doute, l'assistance d'autrui.

Les rêves peuvent souvent favoriser la maîtrise et même l'accélération du processus de guérison durant la maladie et notamment pendant la convalescence, mais ils ne se substituent pas à un traitement médical adéquat. Si vous êtes en convalescence à la suite d'une maladie ou d'une intervention chirurgicale, demandez à votre inconscient, avant de vous endormir, d'apporter à votre corps toute l'énergie et la liberté dont il jouit dans vos rêves. Conditionner le corps de vos rêves à recouvrer la santé est particulièrement bénéfique. L'exercice 28, page suivante, propose un moyen de vous aider dans votre quête du bien-être et à identifier les points à améliorer. Les rêves peuvent aussi nous permettre de mettre un terme à des difficultés persistantes, comme les migraines fréquentes ou l'altération de l'acuité auditive ou visuelle. Ils peuvent alors nous aider à remplacer notre vision négative et défaitiste du problème par une attitude positive, fondée sur la reconnaissance de nos limites et l'utilisation optimale de notre potentiel. Demandez à vos rêves de vous aider à conserver cette attitude et à renforcer l'état d'esprit le mieux adapté à la guérison, en bannissant, par exemple, toute autocritique excessive qui risquerait de nuire à un total rétablissement. Que vous ayez ou non fait un rêve de guérison, n'oubliez pas de remercier votre inconscient le lendemain matin pour son aide. Nos rêves s'évanouissent la plupart du temps sans laisser de trace et le processus de guérison a peut-être déjà commencé à votre insu. Souvenez-vous que l'inconscient est sensible aux éloges et aux encouragements et a besoin d'être conforté dans la confiance que vous lui accordez.

Clef d'un songe

Cherchez à visualiser avant de vous endormir un lieu de convalescence particulier – peut-être une pièce spacieuse, ensoleillée et calme, ou des montagnes aux sommets inondés d'une neige blanche et pure. Formez le vœu de visiter l'endroit dans vos rêves, confiant dans les bienfaits de ses vertus curatives.

Invoquez une métaphore de guérison

EXERCICE 28

La création d'une métaphore de guérison, qui symbolisera le processus lui-même, peut favoriser un prompt rétablissement. Ce symbole peut vous interpeller dans les rêves sous une multitude de formes.

1 Avant de vous endormir, cherchez, dans les derniers rêves que vous avez faits, le symbole d'un problème de santé non résolu. Les techniques de l'association directe et de l'amplification (cf. pages 78 et 96) vous permettront éventuellement d'en élucider le sens.

2 Concentrez-vous sur le problème de santé et demandez à votre inconscient de vous transmettre une métaphore de guérison, qui, non seulement consolidera au niveau conscient votre confiance dans le processus de guérison, mais vous permettra aussi d'assurer votre propre rétablissement en vous aidant à mobiliser votre énergie intérieure. Souvenez-vous que les rêves sont un moyen de reprogrammer l'inconscient.

3 Guettez dans vos prochains rêves l'apparition de cette métaphore de guérison. Il peut s'agir de songes dans lesquels apparaissent de nouveaux vêtements, des fleurs, un bain ou un superbe arc-en-ciel. Focalisez-vous sur cette métaphore durant vos heures éveillées et faites-la apparaître et se substituer aux rêves anxieux que vous avez faits précédemment.

4 Continuez de visualiser cette image jusqu'à ce que vous sombriez dans le sommeil. Même si elle adopte une apparence différente dans vos rêves, elle peut cependant continuer à influencer l'activité onirique de votre psychisme et vous proposer en même temps un modèle psychique du processus de guérison.

Guérissez votre corps onirique

EXERCICE 29

Notre tendance à mêler notre problème de santé à notre perception de nous-mêmes constitue l'un des obstacles à la guérison. Dans notre esprit, nous devenons une personne sujette aux maux de dos, aux migraines ou aux affections cutanées, ou encore à d'autres maux.
Enrayez ce processus en vous imaginant de nouveau en parfaite santé.

1 Lorsque vous êtes malade, souffrant d'une affection passagère, comme la grippe, ou d'un problème persistant, imaginez-vous en train de pratiquer sans effort une activité physique, courir sur la plage par exemple. Regardez-vous dans un miroir et constatez que votre image est maintenant celle de quelqu'un de rétabli.

2 Souvenez-vous, que dans l'univers des songes, vous pouvez, si vous en avez la volonté, triompher de la maladie. Si votre corps onirique est aussi affecté par vos problèmes physiques, sachez que ce n'est que provisoire. Tentez de vous convaincre que votre état de santé va s'améliorant, dans les limites de votre maladie.

3 Notez toute amélioration dans l'état de santé du corps onirique et dites-vous que vous pouvez obtenir des résultats analogues avec votre corps physique.

4. Souvenez-vous que dans l'Antiquité les Grecs considéraient que la guérison était l'une des fonctions principales du rêve. Ayez confiance dans la capacité de vos rêves à favoriser votre guérison. À l'instar des Grecs, qui pensaient que les prêtres pouvaient utiliser la divination, il vous faut croire à l'influence bénéfique de vos rêves, qui sont chargés de la sagesse et de la force nécessaires pour vous assister durant le processus de guérison.

Le rêveur accompli

Les rêves sont un objet d'étude inépuisable. Sensibles à la croyance bouddhiste des Tibétains, selon laquelle les rêves sont une répétition de ce qui se jouera dans l'autre monde, ou privilégiant la vision de ce livre, selon laquelle les rêves sont la voie royale pour pénétrer l'inconscient, ils représentent une dimension intérieure de mystère, d'enchantement et de sagesse. Ce chemin de l'accomplissement personnel est pourtant celui que nous négligeons le plus.

Nos rêves expriment notre tentative de réconcilier nos vies consciente et inconsciente. Nous aspirons naturellement à l'harmonie intérieure, à des relations pacifiques et de mutuelle compréhension entre les différentes facettes de notre personnalité. Aussi, les rêves, qui nous suggèrent comment nous montrer plus réceptifs aux messages émis par l'inconscient et comprendre leur portée véritable, indiquent-ils à notre conscience les moyens d'affranchir l'inconscient des contingences de la vie quotidienne.

Les rêves correspondent à un processus créatif qui peut modifier notre représentation de nous-mêmes, de nos relations et du monde matériel en nous donnant la clef de la question qui motive notre quête de la vérité : « Qui suis-je ? » Leur extrême « étrangeté » représente un défi permanent à nos modes de pensée et de vie conventionnels. Elle nous offre la possibilité de nous affranchir du prosaïsme du quotidien tout en démêlant certaines des énigmes de notre vie intérieure. Les progrès constatés dans les rêves font souvent écho à des progrès dans la vie éveillée : ils se reflètent et s'éclairent réciproquement. Au fur et à mesure que nous apprenons à rêver, la cohérence de nos rêves augmente. Chaque songe, en effet, fonctionne comme un élément complémentaire et l'imbrication des sens conduit à un portrait plus achevé. Nos rêves répondront plus facilement aux sollicitations de

notre vie éveillée. La nature fragmentaire et absurde caractéristique des rêves non maîtrisés s'évanouira en grande partie, pour céder la place à des rêves inoubliables qui nous permettront d'entrevoir la sérénité. Les rêves lucides tendront à devenir plus fréquents et cohérents. En outre, comme vous aurez assimilé le langage du rêve et que vous aurez investi votre inconscient de la mission de vous guider dans votre démarche, l'interprétation de vos rêves deviendra de moins en moins difficile. Si la découverte du monde se bornait à la perception que nous en avons, jamais nos rêves ne s'aventureraient au-delà de la banalité et de la monotonie du quotidien. Ils nous cantonneraient à des préoccupations matérielles, au lieu de nous en affranchir pour explorer le royaume mystérieux et fécond de l'inconscient. Pénétrer le royaume intérieur de la psyché, suppose que nous nous engagions sur la voie inaugurée par les rêves, réceptifs et attentifs, prêts et déterminés à tout entreprendre pour élucider le sens des images et des symboles révélés en chemin.

***Un havre** de paix intérieure existe en chacun de nous. Une fois que nous en avons trouvé la clef dans nos rêves, nous devons le visiter régulièrement, en le protégeant soigneusement des pensées inopportunes et stressantes.*

Dictionnaire des symboles

Le rêve est une expérience totalement personnelle. À mesure que nous pénétrons plus avant dans nos mondes oniriques, nous découvrons un système de symboles qui nous est propre. Cet aperçu des symboles oniriques les plus courants propose des interprétations assez générales qui serviront de point de départ à votre analyse personnelle.

Air Cet élément est associé à la clarté de la pensée et à la limpidité de la sagesse. Nous pouvons, en rêve, traverser la campagne à pas de géants, planer au-dessus de la terre ou voyager dans un ballon ou sur un nuage. L'air est le symbole de la spiritualité, mais le rêve peut aussi prévenir d'une perte de contact avec la réalité.

Animaux sauvages Les bêtes féroces et sauvages représentent, pour Freud, les pulsions passionnelles dont le rêveur a honte, d'autant plus variées et menaçantes que les animaux en question sont nombreux et de races différentes.

Araignée L'araignée, qui se nourrit des innocentes victimes piégées dans sa toile, symbolise fréquemment, dans les rêves, la mère cannibale qui dévore ses enfants par sa possessivité et sa tendance à les culpabiliser.

Arc-en-ciel Universellement reconnus comme des symboles de bon augure, ils sont annonciateurs d'une rédemption, d'heureux événements, d'une promesse ou d'un pardon. Ils sont parfois associés, dans les rêves du niveau 3, à la quête magique du trésor de la connaissance de soi, ou au pont entre le ciel et la terre réservé aux Élus.

Argent Thésauriser traduit la prudence ou l'égoïsme. C'est révélateur, pour Freud, d'une fixation au stade anal, mais il peut aussi être le signe d'une insécurité. Être à cours d'argent ou incapable d'en gagner peut symboliser un manque d'énergie ou de temps. Partager sa richesse indique altruisme et générosité.

Armure Rêver que l'on porte un vêtement lourd ou une armure peut indiquer que le rêveur adopte, dans sa vie, une attitude exagérément défensive. Plus sûrs de nous et plus ouverts, nous n'aurions pas à recourir à ces comportements excessifs pour nous protéger du monde extérieur.

Bibliothèque Symbole typique du monde des idées et de l'accès à la connaissance. Être distrait par d'autres lecteurs ou ne pas trouver un livre peut signifier qu'il faut faire preuve de plus de concentration et de discernement.

Bijoux Ils évoquent un trait apprécié de la personnalité du rêveur ou d'une autre personne. L'or et les diamants sont le symbole typique du moi véritable incorruptible, les rubis celui de la passion, les saphirs de la vérité et les émeraudes de la fertilité. Les bijoux peuvent également représenter le trésor enfoui, l'archétype de la sagesse divine ensevelie dans les limbes de l'inconscient collectif.

Bouche Pour Freud rêver de bouche représente la phase initiale du développement sexuel, qui se caractérise par des signes d'immaturité comme la crédulité ou l'agression verbale.

Bureaucratie Être confronté à des bureaucrates est souvent révélateur d'une certaine froideur tant chez le rêveur que chez son entourage. Le rêve peut inviter à s'impliquer davantage dans les relations avec les autres. Il peut également souligner une incapacité à comprendre les problèmes complexes ou signifier la nécessité de prêter davantage d'attention aux détails.

Cercle C'est la figure par excellence de l'infini, du vide, de l'ineffable et de l'inconnaissable. Il peut par ailleurs signifier la féminité, la révélation des mystères, ou encore un sentiment de plénitude.

Chat Ce symbole peut figurer la puissance imaginative de l'inconscient ou l'élément féminin intuitif de la psyché. Si le rêveur connaît le chat, le sens de ce rêve sera plus personnel.

Château Se voir en rêve dans un château évoque la sécurité, mais peut aussi nous rappeler que la force de nos défenses psychiques peut également être un facteur d'isolement.

Chaussures Les rêveurs qui racontent rêver de chaussures ou de bottes les associent à la sexualité : comme les coupes, les chapeaux et les gants, elles peuvent être pénétrées par d'autres parties du corps. Les chaussures de femme peuvent quelquefois symboliser la sexualité féminine dominante dont la source remonterait à l'expérience de l'enfant rampant aux pieds de sa mère.

Cheval Il symbolise la plupart du temps l'exploitation par l'homme des forces sauvages de la nature. Un cheval ailé ou volant peut représenter la libération de l'énergie destinée au développement psychique ou spirituel. Dans l'interprétation freudienne des rêves, un cheval sauvage représente le versant redoutable et terrifiant de l'***alter ego.***

Cheveux La chevelure symbolise souvent la vanité. L'acte rituel qui consiste à se raser la tête indique une renonciation à la vie matérielle. Les premières interprétations des rêves suggéraient que se voir en songes devenir chauve était prémonitoire d'un découragement imminent. Une barbe bien fournie peut symboliser la vitalité, une barbe blanche la vieillesse, l'expérience ou la sagesse.

Chien Symbole de loyauté et de fidélité (il représente un besoin de protection et d'amitié), ou d'instincts sauvages à peine apprivoisés. Si le rêveur croise un chien appartenant à l'une de ses connaissances, il se peut qu'il projette sur le chien les sentiments que la personne lui inspire.

Chute Les rêves anxieux nous placent souvent en situation d'impuissance. Celui dans lequel nous effectuons une chute vertigineuse est l'un des plus courants. Il met l'accent sur la crainte d'essuyer, après une réussite spectaculaire, des échecs dans la vie personnelle ou professionnelle.

Cité Une cité en ruines peut attirer l'attention sur des relations, des objectifs ou des idéaux négligés. Les ruines suggèrent plus la négligence et la dégradation que la destruction délibérée.

Clown Une des deux manifestations du magicien archétypique (cf. page 92). En se moquant de lui-même, il se moque de la vanité et du ridicule des autres.

Cœur Siège de la vie affective, et symbole notamment de l'amour, le cœur revêt une signification archétypique.

Coquillages Symboles profondément spirituels, qui figurent souvent l'inconscient, et, par leurs liens avec la mer, l'imagination. Ils peuvent aussi représenter la timidité ou des barrières protectrices (se replier dans sa coquille) ou le sentiment du néant (un coquillage vide).

Couleurs cf. page 46.

Coupe Symbole freudien classique de la sexualité féminine. Lorsqu'elle est associée à la légende du roi Arthur et du Saint-Graal, la coupe peut représenter les vertus transcendantes de l'amour et de la vérité.

Couteau Symbole phallique le plus éloquent par sa capacité à pénétrer la matière, tout comme le pénis durant l'acte sexuel. Le couteau peut représenter, associé à la masculinité, la violence et l'agression. Il peut aussi figurer « le glaive de la vérité », pourfendant le mensonge et l'ignorance ou encore la volonté d'éradiquer les désirs trompeurs.

Danse Dans les rêves des niveaux 1 et 2, la danse peut figurer la séduction ou la métaphore de l'acte sexuel. Dans les rêves du niveau 3, elle est souvent le symbole des rythmes de la vie, du pouvoir de destruction ou de création ou du potentiel illimité de l'imagination.

Dents Les rêves anxieux se cristallisent souvent autour des problèmes dentaires qui reflètent les insécurités vécues dans la sphère personnelle, familiale ou professionnelle.

Domination L'asservissement peut présenter une connotation ouvertement érotique dans le rêve, en reflétant des désirs sexuels impérieux dont on n'a peut-être pas pris conscience à l'état éveillé. Mais il peut, dans un contexte autre que sexuel, suggérer des aspirations spirituelles réprimées.

Eau Symbole de l'inconscient par excellence, l'eau sous toutes ses formes évoque les arcanes de l'imagination. Nager signifie que le rêveur devrait s'aventurer dans ce royaume. Rêver de naufrage peut, en revanche, l'avertir qu'il n'y est pas prêt. De l'eau s'écoulant d'un robinet, par exemple, symbolise souvent l'éjaculation et peut signaler l'émergence d'une nouvelle créativité.

Entretien Les examens oraux peuvent provoquer une plus grande appréhension que les examens écrits. Les interlocuteurs assis face au rêveur peuvent figurer des facettes de sa personnalité, laissant deviner un rejet ou un mécontentement de soi ou simplement une révision de ses priorités. Si le rêveur reste muet face à ses interlocuteurs, cela peut suggérer qu'il n'a aucune réponse convaincante à adresser à la conscience.

Étoile Les étoiles peuvent tout aussi bien représenter le destin et les puissances célestes, que les plus hauts niveaux de conscience. Une étoile plus brillante que les autres peut signifier la réussite en compétition, mais elle peut aussi être la plus proche de la désintégration.

Fantôme L'image floue d'un fantôme peut suggérer la peur de la mort ou un savoir qu'il faut faire parvenir à sa conscience. Les personnages fantomatiques qui flottent au-dessus du corps du rêveur sont parfois interprétés comme le reflet d'expériences de sortie du corps, dans lesquelles l'« âme » quitte son enveloppe charnelle.

Fêlure Elle symbolise les défauts ou la fragilité de certains raisonnements, idées ou relations. Un vase ou une coupe fêlés ou brisés peuvent signifier l'amour perdu.

Feu Symbole puissant et ambivalent. Le feu détruit et purifie. Il représente l'évidence, le positif et le conscient, et peut signaler un renouveau ou représenter des émotions perturbantes, telles que la passion ou l'envie. Non maîtrisé, le feu peut suggérer que le rêveur doit réfréner ses émotions et son ambition débridées.

Fenêtre Les fenêtres et les portes sont, dans l'interprétation freudienne des rêves, des symboles du sexe féminin. Jung les associait à la faculté de comprendre le monde extérieur. Regarder par une fenêtre à l'intérieur d'une maison, symbole de voyeurisme pour Freud, peut signaler que le rêveur privilégie la curiosité à l'introspection.

Fouet Symbole négatif de la soumission sexuelle, il indique plus généralement que le rêveur prend conscience des rapports de pouvoir, de domination et d'obéissance vécus dans le cadre de ses relations à autrui.

Gagner une course Indique une prise de conscience du potentiel personnel. Arriver second ou troisième peut suggérer des aspirations au-delà des capacités du rêveur.

Gare et aéroport Peuvent indiquer un large éventail de choix, la convergence d'idées, ou encore les appréhensions ou l'agitation ressenties lorsqu'on pense à l'avenir.

Géant Représente souvent, pour les enfants, les adultes qui disposent d'un pouvoir arbitraire et sans limite. En affrontant ces monstres dans leurs rêves, les enfants se réconcilient avec eux. Chez les adultes, ils peuvent personnifier des réminiscences de l'enfance. Malgré leur physique impressionnant, certains géants des rêves symbolisent la prévenance et la protection.

Guerre Rêver de guerres et de batailles est révélateur, pour Jung, d'un conflit majeur entre les vies consciente et inconsciente. Elles semblent refléter le duel entre les instincts et les règles de conduite conscientes. Elles peuvent également signifier la nécessité de parvenir à une réconciliation.

Horloge Les mécanismes d'horlogerie symbolisent le cœur et les émotions. Une horloge arrêtée indique la froideur et l'indifférence, tandis qu'une horloge dont les aiguilles s'emballent suggère que le flot des émotions risque de submerger la conscience.

Hôtel Image de l'éphémère, il symbolise une période de transition dans une relation, une transformation de la personnalité ou même une perte d'identité.

Intimité Craindre le manque d'intimité d'un lieu peut être révélateur d'une peur de s'exposer au regard des autres ou un besoin de s'exprimer.

Labyrinthe Expression des progrès dans la compréhension de l'inconscient. S'égarer dans un labyrinthe peut représenter les défenses mises en place par l'***ego*** conscient pour empêcher les souhaits et les désirs inconscients d'émerger à la lumière.

Libération Signe d'un altruisme qui conduit à aider une personne en l'affranchissant du joug de son psychisme. Libérer des animaux captifs, en revanche, concerne souvent la capacité à libérer ses émotions ou ses énergies primitives.

Lieu isolé Être à la recherche d'une île ou d'un endroit désert reflète le besoin de solitude du rêveur ou sa conviction que « les autres, c'est l'enfer ». Décider de rester sur une île, choisir l'exil, peut aussi suggérer le désir de s'arrimer à la conscience au lieu de s'aventurer sur la mer de l'inconscient.

Lion Symbole royal du pouvoir et de l'orgueil, il représente souvent la figure archétypique du père, puissant et admiré.

Livre Tour à tour le symbole de la sagesse, de l'intellect ou de la mémoire du rêveur. L'incapacité à lire un livre peut signifier un manque de concentration et d'attention dans la vie éveillée.

Lumière Pour Jung, la lumière « fait toujours référence à la conscience ». Ces rêves suggèrent que les aperçus de l'inconscient éclairent la conscience. La technique de l'amplification peut donner lieu à des associations d'ordre religieux ou mythique, avec, par exemple, le Christ, expression de la lumière apportée au monde, avec la lumière divine infinie de la symbolique orientale, ou avec le dieu solaire Apollon.

Lune Symbole du mystère et de la féminité, la lune est la reine de la nuit. Elle est également associée à l'eau (elle rythme les marées) et à l'imagination. Les rêves de pleine lune peuvent indiquer la sérénité et le calme, signifiant ainsi une capacité à la contemplation.Une nouvelle lune marque le passage à une nouvelle étape.

Maison Représente souvent le rêveur ou ce qui, dans sa vie, lui confère stabilité et équilibre. Des fenêtres béantes ou des pièces obscures évoquent non seulement la disparition de l'être cher, mais aussi celle d'éléments fondamentaux de la vie consciente. Une maison inachevée ou en mauvais état peut signaler qu'il faut entreprendre une réflexion sur certains aspects de sa vie spirituelle ou physique.

Manteau Symbole particulièrement ambivalent : il peut aussi bien signifier la dissimulation et le secret, le mystère et l'occulte, ou encore le cocon protecteur et l'amour. Freud l'associe à la nature enveloppante de la sexualité féminine.

Marionnettes Évoquent la manipulation et une liberté de choix limitée. Elles se révéleront peut-être le symbole du désir de détenir un pouvoir sur les autres, ou d'une incapacité à maîtriser le cours de sa propre vie, et constituent une allusion ironique à l'expression que « quelqu'un d'autre tire les ficelles ».

Masque Représente généralement l'image que nous voulons offrir au regard des autres. L'incapacité à ôter son masque, ou la contrainte d'en porter un, suggère que la perception qu'on a de soi-même est de plus en plus confuse.

Membre fracturé Symbole du danger qui menace nos vies ou des anxiétés concernant la sécurité de nos proches.

Mer Selon Jung, le rêveur qui fait face à la mer est prêt à affronter l'inconscient, tandis que les créatures émergeant des abysses représentent des forces archétypiques puissantes. Pour Freud, la mer et la marée montante sont des symboles originels de l'union sexuelle.

Miroir Contempler son propre reflet dans un miroir peut être le signe du narcissisme ou de l'égocentrisme, tandis qu'un visage inconnu peut être révélateur d'une crise d'identité. Si les traits sont saisissants ou effrayants, peut-être s'agira-t-il du symbole de l'Ombre (cf. page 93).

Montagnes Rêver l'ascension d'une montagne peut suggérer un acte ou un désir sexuels, la composante masculine de la psyché ou bien des progrès d'ordre spirituel.

Montre cf. Horloge

Mur Des murs élevés ou l'enceinte infranchissable d'une cité ou d'une maison évoquent l'exclusivité, un désir de maintenir les autres à l'écart et de protéger ses biens précieux. Le rêve peut signifier qu'un mur est indispensable au maintien des valeurs sociales, ou inviter à en faire le constat et à s'interroger sur son utilité.

Musique Entendre une belle musique peut symboliser le potentiel infini de la créativité, la « musique des sphères » des Grecs et des Romains. En revanche, la cacophonie et la confusion d'une musique dissonante suggère un potentiel créatif négligé ou qui se dénature.

Neige La fonte des neiges suggère la disparition des peurs et des obstacles, mais peut également symboliser la transformation et la purification. Rêver de glace ou de gel peut indiquer un retard ou une entrave à l'expression de la créativité de la personnalité. Cela peut aussi suggérer un désintérêt de la vie affective personnelle.

Noce Représente souvent l'union des contraires et leur complémentarité ainsi qu'une promesse de fertilité. Elle peut revêtir une signification archétypique lorsqu'elle symbolise l'union des forces créatrices fondamentales de la vie, des principes masculins et féminins, rationalité et imagination, conscient et inconscient, matière et esprit.

Nourriture Symbole, pour Freud, des deux instincts fondamentaux : instinct de conservation et instinct sexuel. La bouche est, pour lui, la principale zone érogène. L'anorexie et la boulimie sont les signes d'un désir sexuel (respectivement réprimé ou satisfait). Les fruits peuvent figurer la créativité, « porter des fruits », la sensualité et les récompenses ; le lait est lié à la bienveillance et à la fonction nourricière ; et le miel (l'aliment des dieux, dans de nombreuses traditions) est un symbole de richesse et de satisfaction.

Noyade Se noyer ou se débattre dans des eaux profondes peut représenter la peur d'être englouti par des forces tapies dans les abîmes de l'inconscient. Ces rêves signalent la nécessité de libérer progressivement les besoins de l'inconscient de l'assujettissement de la conscience.

Nudité Se voir nu en rêve, dans un lieu public parmi des personnes indifférentes, invite à dissiper les craintes d'être rejeté. Éprouver du dégoût devant la nudité d'autrui suggère l'anxiété ou l'aversion de découvrir leur vraie nature. Accepter la nudité des autres indique l'aptitude à percevoir leurs vraies qualités.

Obsèques Peuvent signifier la fin ou le besoin de tourner une page d'une période de l'existence. Ce symbole peut également représenter les désirs et les traumatismes refoulés. Lorsqu'il s'agit des obsèques d'un inconnu, elles peuvent rappeler le temps qui passe ou qu'il est important de ne pas multiplier les liens affectifs.

Œil Fenêtre symbolique de l'âme, peut refléter la vie psychique du rêveur ou des personnes rencontrées dans les rêves. Des yeux brillants sont le signe d'une vie intérieure harmonieuse.

Oiseau La colombe symbolise la paix et la réconciliation. Les oiseaux « à comportement territorial », tels que les merles, peuvent figurer la jalousie, tandis que les oiseaux chapardeurs, comme la pie, peuvent suggérer une menace extérieure ou des facettes de la personnalité empruntées par un ami ou un intime.

Peinture Une œuvre réussie peut représenter un potentiel créatif, des tentatives infructueuses indiquent que la créativité cherche à s'exprimer ou encore quelque bouleversement ou incertitude intérieurs. Des couleurs vives peuvent symboliser l'énergie de l'inconscient, tandis que des couleurs ternes peuvent indiquer une discordance entre le rêveur et sa perspicacité (cf. pages 46-47).

Pente Le rêve assez courant, dans lequel on tente de gravir les marches d'un escalator qui descend, une pente ou une échelle glissantes, est le symbole de difficultés rencontrées à progresser et signale soit d'abandonner soit de rechercher un moyen plus adapté.

Police Figure rassurante dans les rêves, peut tout autant représenter les inhibitions et la censure exercée par la conscience sur les pulsions naturelles. Être poursuivi par la police peut signifier qu'on doit assumer sa culpabilité ou tirer des enseignements de ses erreurs passées.

Poupée Ce symbole peut représenter l'Anima ou l'Animus (cf. page 91), qui personnifient les qualités du sexe opposé dans notre psyché. Jung considérait aussi que les poupées pouvaient signaler une absence de communication entre les versants conscient et inconscient de notre existence.

Poursuite Rêver qu'une présence invisible mais terrifiante nous poursuit indique généralement que les facettes de la personnalité en appellent à une intégration dans la conscience. On devra s'efforcer de se retourner et de faire face à son poursuivant, de façon à découvrir la clef de ce symbole.

Présents Un présent qui ne convient pas au rêveur peut indiquer les sentiments malveillants d'une autre personne à son égard ou bien des qualités ou des vertus dont on se sent indigne. Si le rêveur offre le présent, le rêve peut signifier qu'il doit être plus franc et plus naturel avec les autres.

Prix Les trophées valent bien plus que leur valeur matérielle intrinsèque. Même si, dans les rêves, on ne parvient pas à définir la nature du prix, on ne peut, normalement, se tromper quant au sentiment de triomphe qu'il suscite.

Rose Symbole traditionnel de l'amour, la rose rouge évoque souvent chez Freud l'appareil génital féminin ou le sang menstruel.

Salle de classe Signifie l'apprentissage, mais aussi l'émulation, la considération sociale ou la nécessité de réorienter ses intérêts personnels ou professionnels. Peut aussi simplement refléter la nostalgie d'une époque révolue ou le désir de rallumer la flamme de la joie, de la passion ou de l'ambition antérieures.

Sang Ce symbole signifie notamment notre force vitale intérieure. Le sang répandu représente le sacrifice et la perte de la vie.

Singe Cet animal incarne souvent la facette espiègle et malicieuse du rêveur et peut symboliser un versant, certes immature, mais instinctivement sage de la conscience, qui cherche à s'exprimer. Le singe peut également symboliser une vie psychique brouillonne que l'on pourra apaiser par la méditation.

Sirène Symbole hybride du poisson et de la féminité, la sirène est l'image éloquente de l'élément féminin énigmatique qui hante et fascine les hommes. La sirène, dans les rêves, est l'incarnation typique de l'Anima (cf. page 91), détentrice d'une sagesse mystérieuse et créature ensorceleuse qui attire les forces vitales du conscient vers les chemins inexplorés de l'inconscient.

Soleil Image archétypique du principe masculin, le soleil symbolise la conscience, l'intellect et le père. Un soleil brûlant peut indiquer que la puissance de l'intellect risque d'anéantir chez le rêveur toute vie émotionnelle. À l'inverse, un soleil voilé par les nuages peut suggérer que le rêveur laisse ses émotions éclipser sa raison.

Sous-vêtements Ils représentent notamment des attitudes et des préjugés inconscients. Leur couleur et leur état fournissent des détails spécifiques. La honte d'être vu en sous-vêtements peut indiquer la crainte de les voir exposés au grand jour.

Temple Un temple, une église ou un autre lieu de culte peut représenter la paix, la sagesse supérieure ou le versant spirituel de l'être. Se sentir étranger dans une église, rappelle qu'on doit s'efforcer d'accéder à la dimension spirituelle.

Terre Être assis ou allongé sur le sol suggère l'importance de se montrer plus réaliste et pragmatique. La terre peut aussi symboliser la fertilité, et, comme l'eau, la féminité. Une terre stérile peut suggérer l'émergence de nouvelles idées : la terre appauvrie doit être labourée et recevoir les graines d'une nouvelle vie.

Toilettes Déféquer représente généralement l'anxiété face aux autres ou le désir impérieux de s'exprimer ou de s'épancher. Chercher des toilettes peut indiquer un conflit entre le besoin de s'exprimer et la peur de ce qui peut en résulter. Trouver les toilettes occupées indique la jalousie à l'égard de la situation ou de la créativité d'autrui. Faire déborder les toilettes signifie redouter de perdre la maîtrise de soi ou être incapable de discipliner sa créativité.

Train Les trains dont l'itinéraire est précis, suggèrent que l'on bénéficiera du concours de quelqu'un en chemin. Se tromper de train ou oublier d'en descendre peut dénoter des occasions manquées.

Transformation Le passage de l'hiver à l'été peut indiquer de profondes transformations. L'inverse peut suggérer un besoin de prendre du recul ou de développer les liens avec l'inconscient. La transition jour / nuit peut véhiculer un message identique. Les ponts, qui relient le passé au futur, peuvent être des symboles traditionnels du changement.

Transgression Les rêves de transgression délibérée de règles préétablies se rapportent souvent à la prime enfance. La volonté d'affirmation de soi et la remise en cause des limites, condamnées par parents ou adultes, toujours présentes dans l'inconscient, se manifestent sous la forme de rêves de transgression.

Vacances Rêver de se préparer à partir en vacances évoque un besoin d'échapper aux problèmes quotidiens ou de chercher de nouvelles sensations et expériences. Le désir de voyager « léger » peut signifier que le rêveur a pris conscience des « bagages » inutiles dont il encombre sa vie. S'inquiéter de ce que l'on doit emporter peut représenter l'appréhension ou l'obsession de la mort.

Violence envers les autres Représente souvent la lutte pour l'affirmation de soi ou des conflits entre les différentes facettes du rêveur. La violence dirigée contre un enfant peut signifier l'incapacité à accepter l'enfant qui est en nous, tandis que la violence à l'égard d'un homme ou d'une femme plus âgé peut indiquer un refus de tirer les enseignements de la sagesse des autres.

Violence subie par le rêveur Rêver que l'on est violemment agressé témoigne d'un sentiment de culpabilité et d'un désir d'autopunition, mais aussi de vulnérabilité et d'inquiétude excessives, face au monde extérieur où des forces pourraient imposer une totale soumission.

Voyage Le déplacement régulier d'une automobile symbolise, pour Freud, les progrès du patient lors de la psychanalyse. Un voyage en mer peut signifier une quête dans les eaux profondes de l'inconscient. Quelle que soit sa nature, le voyage symbolise en général l'épanouissement et l'exploration de la personnalité du rêveur.

Index

S

Crédits Photographiques

12 Rebecca Hossak Gallery, Londres ; **13** Historical Center Buffalo Bill, Cody, Wyoming, don de M. et Mme Joseph Katz ; **50B** Images Colours Library ; **53** Bridgeman Art Library / Hessicher Landesmuseum, Darnstad ; **59** Images Colours Library ; **67** Images Colours Library ; **86** Duncan Baird Publishers ; **87** Images Colours Library ; **96** Duncan Baird Publishers ; **102L** Michael Holford ; **102R** Mary Evans Picture Library ; **103** The British Museum ; **129** Images Colours Library.